全课程

区域活动

——幼儿园活动区教育解决方案——

主 编　王致青

副主编　林玫琼

顾 问　杨 宁

统 稿　罗丽红

编 委　（按姓氏笔画排序）

邓爱华　司徒爱泉　刘玉萍　李 杨　李 苑

李智文　陈 楠　陈向群　陈京钰　陈慧萍

林 敏　洪英惠　银淑亮　蔡 惠　蔡 颖

华东师范大学出版社

·上海·

图书在版编目(CIP)数据

全课程区域活动:幼儿园活动区教育解决方案/王致青主编.—上海:华东师范大学出版社,2018
ISBN 978-7-5675-7508-0

Ⅰ.①全… Ⅱ.①王… Ⅲ.①幼儿园-教学活动-教学设计 Ⅳ.①G612

中国版本图书馆 CIP 数据核字(2018)第 041671 号

全课程区域活动
—— 幼儿园活动区教育解决方案

主　　编　王致青
策划编辑　李　琴
项目编辑　陈文帆
特约审读　韩　蓉
装帧设计　庄玉侠

出版发行　华东师范大学出版社
社　　址　上海市中山北路 3663 号　邮编 200062
网　　址　www.ecnupress.com.cn
电　　话　021-60821666　行政传真 021-62572105
客服电话　021-62865537　门市(邮购)电话 021-62869887
地　　址　上海市中山北路 3663 号华东师范大学校内先锋路口
网　　店　http://hdsdcbs.tmall.com

印 刷 者　浙江临安曙光印务有限公司
开　　本　787 毫米×1092 毫米　1/16
印　　张　13.75
字　　数　258 千字
版　　次　2018 年 9 月第 1 版
印　　次　2023 年 1 月第 3 次
书　　号　ISBN 978-7-5675-7508-0/G·10969
定　　价　48.00 元

出 版 人　王　焰

(如发现本版图书有印订质量问题,请寄回本社客服中心调换或电话 021-62865537 联系)

幼儿园区域活动实践的多元化探索丛书

总主编：

杨　宁(华南师范大学)

编委会：

李丽云(佛山市南海区南海师范附属幼儿园)

刘红喜(深圳实验教育机构)

聂　莲(佛山市机关幼儿园)

王　秋(广州市黄埔区香雪幼儿园)

王致青(广州市越秀区东方红幼儿园)

姚　艺(深圳市梅林一村幼儿园)

杨　梅(深圳实验幼儿园)

总序

幼儿园区域活动的多元化探索

二十多年来,区域活动或活动区教学作为我国幼儿园课程的重要组成部分,在幼儿园日常教学中的地位日益增强,许多幼儿园纷纷探索有效开展区域活动的策略和方法。更值得关注的是,一些幼儿园园长和老师已经开始不再简单借鉴和模仿欧美国家幼儿园区域活动的经验,而开始把目光投向区域活动或活动区教学背后的教育哲学和教育理论问题,关注其知识基础和价值诉求,开始走向一种反思的、儿童中心的教育实践。

作为一种舶来品,幼儿园"区域活动(learning centers activities)"或"活动区"具体是何时、由何人引入我国似乎很难看到确切的说法。活动区"为幼儿提供自主选择的机会,与他人一起工作,参与实践活动,并充分参与学习"[①],而对于此类活动区,"北美儿童教育机构(包括婴幼儿教育机构)使用比较普遍的是'学习中心(learning centers)',不论是教育部门文件还是教科书以及学术著作都更多地使用这个概念。"[②]而我国引进这种基于区角的自由活动形式(center-based free play)并命名"区域活动",又叫区角活动(area activities)。为便于了解,我们这里列举一些比较具有代表性的界定:"所谓区域活动或活动区活动,指的是这样一种活动形式:教育者以幼儿感兴趣的活动材料和活动类型为依据,将活动室的空间划分为不同区域,让他们自主选择活动区域,在其中通过与材料、环境、同伴的充分互动而获得学习与发展。"[③]或区域活动

---

① M. Bottini, S. Grossman. Center-Based Teaching and Children's Learning: The Effects of Learning Centers on Young Children's Growth and Development. *Childhood Education*, 2005, 81: 274 – 277.

② 黄进. 幼儿园区域活动的来源与挑战[J]. 学前教育研究, 2014(10).

③ 冯晓霞. 幼儿园课程[M]. 北京: 北京师范大学出版社, 2001: 259.

"即学习中心、兴趣中心活动,它是教师从儿童的兴趣出发,为使儿童进行高效学习、获得最佳发展而精心设计的环境,儿童可以自由地进出各个区域,开展游戏活动。"①显然,区域活动是幼儿园采用的一种积极的、以儿童为中心的、分布式和个别化的教育教学形式,同时也是幼儿一种重要的自主活动形式。具体而言,区域活动必然表现为教师在一定的时间和空间内设置各种区域(角),如美工区、益智区、沙水区、角色游戏区、积木建构区、操作区、科学区、图书区等,提供或投放各种游戏或学习材料,幼儿在一定程度上可以按照自己的兴趣、意愿和需要选择活动内容和方式,彰显了幼儿的主体性、主动性。因此,区域活动能够弥补传统幼儿园集体教学的不足,给幼儿提供有针对性的、个别化的教育,从而真正关注并尊重幼儿的个别差异;让儿童在与周围环境的相互作用中进行自主学习与探索。幼儿园区域活动的有效开展对贯彻《3—6岁儿童学习与发展指南》,促进幼儿主动发展具有重要意义。无怪乎华爱华教授说:"值得欣慰的是,我们至少找到了一种有别于中小学的课程组织的特殊形式,那就是'活动区'。幼儿园的教育是以游戏为基本活动的,这可与以上课为基本形式的中小学教育区分开来,从而真正体现学前教育的特殊性。"②

区域活动或活动区教学背后确实蕴含着深刻的教育哲学和教育思想内涵,以及教育制度沿革、嬗变等问题。区域活动或活动区教学的组织与实践不仅挑战了"我们关于学习和游戏的理解,也挑战了我们一日活动的组织形式以及课程展开方式,还挑战了我们的评价观念"。③ 更加关键的是,区域活动的组织与实践挑战了以课堂集体授课和分科教学为主的传统幼儿园教学方式,"是一种尊重每一个儿童的学习进度、学习风格和学习节奏的教学方式",④使幼儿教育真正有别于以上课为基本形式的中小学教育,也使我们的园长和教师在儿童观、教育观、知识观和学习观等方面做出根本改变。今天的幼儿教育工作者越来越深刻地意识到:"孩子们学习最重要的东西时,不是

① 李生兰. 美国学前教育机构的区域活动及思考[J]. 幼儿教育,2002(10):16.
② 华爱华. 从学前教育改革与发展看幼儿园活动区活动[J]. 幼儿教育(教师版),2012(8).
③ 黄进. 幼儿园区域活动的来源与挑战[J]. 学前教育研究,2014(10).
④ 霍力岩,齐晓恬. 区域活动的本质特征[J]. 幼儿教育,2009(1).

通过教师的传授,而是通过自己在与物理世界和其他孩子互动过程中构建知识,以及通过游戏的方式来实现的。"① 这也许恰恰是区域活动的最大价值所在。应该看到,区域活动或活动区教学提供了一种幼儿园学习领域的自然整合,即整合社会性、情感和动作学习,以及认知和学业学习。这种整合在教师指导的集体教学中是难以实现和保持的。区域活动特别是其中的游戏和社会互动"有助于平衡个别儿童的学习,提供孩子在自己水平上和所需的强度,以支持他们自己的学习"。② 设计良好的区域活动环境能同时满足不同儿童的多样化的发展需求,这样的区域活动环境无疑是对每个孩子的发展需要和兴趣的最自然的回应。

最后,区域活动或活动区教学的组织与实践是对传统幼儿园空间和时间的重构,是幼儿园空间生产区别于学校(小学、中学和大学)空间生产的重要方面,强调和关注区域活动需要我们摒弃教师中心和学科中心的教育理念和教育方式,更加关注师幼互动和幼儿之间的互动,以及幼儿对材料的实际操作。实际上,"活动室空间的区域化以及区域活动的组织,对幼儿园教师和教育管理部门都提出了十分严峻的挑战。它不仅如上所述挑战了我们关于学习和游戏的理解,也挑战了我们一日活动的组织形式以及课程展开方式,还挑战了我们的评价观念。"③

目前来看,幼儿园区域活动或活动区教学的理论研究依然非常薄弱,所涉及的复杂而深刻的哲学、社会学、心理学、政治学和语言学问题基本没有被触及,根本无法满足一线教育工作者的需要。许多区域活动开展得比较好的幼儿园也是知其然,不知其所以然,不能很好地将实践经验汇聚,提炼为较为系统的准理论。实际上,幼儿园区域活动理论研究不仅需要发展心理学、教育心理学、环境心理学和幼儿教育学等学科理论的支持,同时也需要人类发展生态系统理论、游戏理论、活动理论、动力系统理论乃至建筑学、儿童地理学、空间分析、儿童社会学、儿童人类学、巴赫金的对话理论、交往互动理论和自组织理论等等的指引。

① E. Jones, G. Reynolds. The play's the thing: Teachers' roles in children's play.
② D. Bergen. Play as a Medium for Learning and Development.
③ 黄进. 幼儿园区域活动的来源与挑战[J]. 学前教育研究,2014(10).

其实，"幼儿园"(kindergarten)这个幼儿教育机构名称本身指代的既是具体的空间和时间范畴，同时更是空间和时间的隐喻。"幼儿园 = 儿童的花园"，在这个花园里，幼儿可以无拘无束、自然地生长，而教师就是辛勤的园丁。"幼儿园"以及相关的隐喻构成了幼儿教育的根隐喻，我想今天的教育工作者仍然可以从福禄贝尔等自然主义教育思想家的理想中吸取营养。应该说，早期的幼儿教育思想家们当时就已经深刻地意识到幼儿教育和其他学段教育的根本区别，福禄贝尔就不愿把自己创办的机构叫做"学校"，而空想社会主义者欧文创立的"幼儿学校"称呼并没有流传下来，背后的历史和思想博弈反映了幼儿教育的特殊性和复杂性。"幼儿园"从内生意义上来讲是自然的、生态的。然而，随着时代的变迁，"幼儿园"从"花园"隐喻也逐渐开始向学业机构转变。进一步说，分析幼儿园的沿革和发展不能不涉及整体社会空间和时间(历史)的演变，同时，也必须以幼儿园教育空间的重构的微观分析为核心。我们提倡"区域活动或活动区教学"并不是把它与"集体教学"对立起来，也并非完全摒弃集体教学，而是在本土化基础上寻找现代中国幼儿园空间与时间的重构。

改革开放以来，广东特别是珠江三角洲一直作为试验田和排头兵在国家的经济社会发展中起着独特的作用。伴随经济发展、特区建设和迅速的城镇化，大量外来人口流入，广东的学前教育也经历了蓬勃发展的过程，特别是上个世纪八九十年代全国各地一大批优秀园长和幼儿教师的调入，以及本地优秀园长和教师的成长，形成了广东学前教育事业兴旺发达的局面。作为一个学前教育理论工作者，我也是这个过程的见证者。在与广东各地幼儿园园长交流探讨的过程中，我也深切感受到许多优秀园长有着丰厚的经验积累和深刻、敏锐的专业领悟。同时，近年来，不少园长也不约而同地向我提出了一个要求，希望能在区域活动或活动区教学的理论上给予她们帮助和引导。正是在这样的背景下，由广州市越秀区东方红幼儿园、广州市第一幼儿园、广州市黄埔区香雪幼儿园、深圳实验教育机构、深圳实验幼儿园、深圳市梅林一村幼儿园、佛山市机关幼儿园、佛山市南海区南海师范附属幼儿园、深圳蓓蕾幼儿园等园所组成的一个松散而开放的学习共同体——"广东省幼儿园区域活动研究联盟"应运而生。《幼儿园区域活动的多元化探索》丛书则是由我向联盟园倡议，对各联盟幼儿园区域活动的多元化经验进行初步梳理和提炼的结果。

在广东幼教界，广州市越秀区东方红幼儿园是区域活动开展得最早的幼

儿园之一。早在 1989 年,王致青园长从美国访学归来就开始在全国率先探索活动区教育,改革了传统的以上"课"为主的教学模式。26 年来,东方红幼儿园的老师们坚持不懈,一直专注于探索以活动区教育为特色的儿童主体课程,她们以"面向全体、全程育人、全面发展"为教育原则,通过创设宽松愉悦的氛围,提供丰富多彩的操作材料,利用灵活多样的活动形式,满足幼儿发展的不同需要,充分彰显幼儿的个性,使拥有不同特质的孩子们都能得到最适合其自身的发展,致力实现"家园共识、共建、共享,孩子与成人共同成长"的办学理念。她们奉献的《全课程区域活动——幼儿园活动区教育解决方案》以"温馨"的家为基调,通过详尽阐述东方红幼儿园活动区的教育理念及发展历程,活动区环境创设,活动区学具的设计、制作、投放、收藏与管理,活动区的组织与指导,活动区的观察与评价,活动区的教研活动组织六个部分,为大家展示东方红幼儿园一直坚守的尊重幼儿,以幼儿为本的幼儿园课程建构。

《共享区域活动——幼儿园"共生课程"特色实施模式》是深圳实验教育机构奉献给大家的佳作,该书作者深入阐述了"共享区域活动"的概念、源起、内涵以及具体实践,倡导"共享区域活动"作为游戏活动的价值,主张在"共享区域活动"中让幼儿自主游戏和自由发展,期望"共享区域"的任一场馆都能促进幼儿全面发展。多年来,实验教育机构在刘红喜主任的带领下,在推进传统区域活动研究的过程中先后生成了"年级公共游戏区"、"班级共享游戏区",并在区域空间共享的基础上,提出了让时间、材料、计划、经验、活动等在年级组共享的"共享区域活动"的思路与做法,值得推荐。

《幼儿园户外混龄区域活动——幼儿体育活动新探索》是佛山市机关幼儿园的经验结晶。聂莲园长和老师们秉承"自然·爱·悦·梦想"的办园理念,将区域活动作为串联教育活动、生活活动和游戏活动的一条主线,利用自身得天独厚的户外环境和场地资源,尝试将户外环境和区域活动进行融合,以混龄的形式进行活动的组织,在推进教育活动有效性、提高活动质量的过程中做出了新的尝试。她们结合幼儿年龄特点和大肌肉运动发展需要,将幼儿园户外场地进行不同功能的游戏区域划分,打破班级和年龄界限,以中、大班幼儿混龄的形式开展户外区域性体育游戏活动。教师到各个活动区域中进行游戏的设计与指导,幼儿可根据意愿自选区域、自愿选择老师、自愿选择场地、自选材料、自愿选择同伴开展自主的游戏活动。

深圳实验幼儿园的杨梅副园长和老师们经过多年的探索与实践,针对区域活动存在的诸多问题,形成了一套科学的、独特的、适宜幼儿个性化发展的教育理念和教学实践模式。她们在《自主、探索、合作——幼儿园区域创设及活动开展实践方案》一书中提出区域活动四部曲,即:选择环节—操作环节—整理环节—提升环节,真正做到让幼儿自由选择、自主实施、合作整理、整体提升。特别值得赞许的是,深圳实验幼儿园一直致力于将目前零散的、流于形式化的区域活动做一个系统的梳理,并在此基础上整合出一套完整的具有指导性作用的区域活动教学实践宝典。

　　《幼儿园学习环境创设与实施——基于全环境支持系统的实践》是深圳市梅林一村幼儿园姚艺园长和老师们奉献给大家的精品。该书立足全环境课程支持系统背景,重点介绍区域环境创设与使用,其中分区域概念、区域环境创设原则、各个活动区域划分、区域材料提供和使用以及在区域活动中开展儿童的游戏与学习的观察案例等内容都是梅林一村幼儿园一线管理者与教师多年实践经验的整理与提炼。通过详细地阐述在区域活动中教师如何有效利用环境完美地统整、融合"教与学",如何开展教学与游戏,如何理解儿童的学习与发展等,充分展示了"以促进儿童主动学习为宗旨"的价值观在教育实践中的融入。

　　广州市黄埔区香雪幼儿园是典型的城中村幼儿园,生源参差不齐,给教育带来了一定的难度。多年前,该园王秋老师成立了课题研究团队,以建构游戏为载体进行大型户外区域活动探索,希望凭借户外区域大量丰富多元的教育环境与材料给孩子提供学习与发展的助力。在数年的实践研究中,她们的努力获得了回报,《幼儿园大型户外建构游戏——从游戏走进学习》就是她们成果的汇聚。在有限的时间里,孩子们拥有了无限成长和发展的机会,孩子们的学习品质在一点一滴的户外区域活动中慢慢由量变达到质变,每位孩子都在原有水平上得到提高。在户外区域活动中,一方面孩子们更快乐、更开心,充分展现了孩子们热爱游戏的天性,实现了快乐学习、体验学习和合作学习。另一方面,大型户外建构区域活动对教师的专业成长也不无裨益,因为没有教材,没有模板给教师参照,老师们需要学会观察,学会指导,这对老师是一种新的挑战。因此,大型户外区域建构游戏在促进孩子发展的同时,也促进了幼儿教师的专业成长。

　　《幼儿园里的"快乐小镇"——幼儿园社会实践区域活动探索》是佛山市南

海区南海师范附属幼儿园开发的自主区域游戏的形式之一，它集合了大区域、小区域的优势，把游戏与幼儿的生活与学习直接联系、整合起来，使游戏回归生活，让幼儿在体验中获得生活经验、社会经验。每两周一次的全园快乐小镇活动无疑是整个南师附幼的"狂欢节"，幼儿、家长、老师乃至幼儿园的后勤人员都沉浸在活动带来的欢乐中。同时，"快乐小镇"活动实实在在地促进了儿童的发展。这才是充满快乐和激情，同时具有极大教育价值，名副其实的快乐小镇！

两千多年来，大陆文明和海洋文明的交汇塑造了岭南文化开放、包容、多元、务实的特点。改革开放以来的广东人更是进一步将低调、务实、不喜空谈的作风发扬光大，创造了社会经济建设的辉煌。作为整个生态系统的一部分，广东学前教育界无疑也具有这样的特点，很多幼儿园园长敏于行而讷于言，善于创新却拙于总结，擅长于做事而拘谨于表述，经验丰富却理论欠缺，热爱学习又容易被忽悠(误导)。实际上，许多园长也越来越意识到这个问题，也在探索解决的途径，从她们对区域活动或活动区教学背后的教育哲学和理论问题的关注就可以看到这一点。当然，我们并不是主张每一位园长和教师都要有著述，而是提倡有能力、有条件的园长和教师通过教研活动不断梳理、提升自己的教育经验，从而给自己的"默会的教育知识和实践性知识的提升创造机会和条件，批判和提升已有实践性知识，使之积淀、融汇和升华为真正的实践智慧"。①

《幼儿园区域活动的多元化探索》丛书是梳理和提炼广东部分幼儿园在区域活动领域实践经验的初步尝试，编写者的经验和理论知识还有一定欠缺，其间之反复曲折更是一言难尽，今日成书殊为不易。丛书不可避免地还有许多遗憾和不足，需要今后通过进一步研磨、讨论和研究加以弥补和提升。最后，丛书编委会特别要感谢华东师范大学出版社，感谢出版社的赏识和信任以及为本丛书的出版付出的辛勤劳动。

华南师范大学教授

杨宁

2016 年 8 月

① 杨宁. 论幼儿教师的默会知识与实践智慧[J]. 教育导刊,2015(10).

序

　　每次忆起东方红幼儿园的活动区教育都让我思绪万千。与其说它是一场幼儿园的课程改革，不如说它是一次思想的大洗礼、师德的大考验和教师专业水平的大挑战。此书不仅是我们工作轨迹的记录，也是我们专业成长之路的再现。此时提笔，想与大家分享我们那些年的故事。

　　那一年我们的第一次。1989 年 9 月，当时的东方红幼儿园主要开设集体活动和分组活动相结合的课程，在陈月清园长的倡导和鼓励下，我们第一次打破国内传统课程模式，在幼儿园靠近后院的一个不起眼的课室——大二班（后来成为试验班）创立了第一个活动区——数学区。区域里建造了第一个学具柜，投放了第一套学具——"数的分解和组成"，孩子们第一次走进活动区进行自主学习，老师们第一次变换角色——从课堂前台的主讲者变为走到孩子们身边的观察指导者。不久，语言区、美工区、阅读区、益智区等区相继诞生，在我们的不断探索中，各种活动区开始在同龄班以及异龄班相继被建立，从此，整个幼儿园出现了一片生机勃勃的儿童自主学习的景象，一股"活教育"的春风充满了整个校园。

　　那些年的艰难险阻与坚持。记得当初大二班首创活动区的"艰难"情形：当时老师们都不知道什么是"区角活动"，没见过"学具柜"和"学具"，这些在国内也无法购买，即使有也要去国外购买；老师们不知开展"区角活动"的意义何在，更不知如何开展；最头痛的是无法把控放开了的"区角秩序"以及指导幼儿学习。但是我们没有畏惧，而是迎难而上，在"区角活动"创立的初始阶段，我们借鉴国外课程经验，结合国情、园情和班情，与本园的木工师傅一起研制了第一个"学具柜"，参考蒙氏学具研制了符合国家教育大纲要求的第一批数学学具。随着区域活动的全面开展，种类繁多、数量庞大的操作材料

(学具)的制作又成为一个难题,于是我园许多老师和保育员经常加班加点甚至带回家发动家人一起帮忙制作,因为有她们的默默奉献,区域内的操作材料逐渐丰富起来。面对区域活动不断出现的新情况,我们每天及时反思,总结经验,制定下一步的教学策略,逐渐地我们发现教育效果明显好转,老师们也变得自信起来。

与此同时,幼教同行们纷纷来我园观摩区域活动的开展,他们在认同、感叹的同时,也对儿童摆脱教师的"教"来进行自主学习提出了各种各样的问题和质疑。幸运的是,我们反复学习教育部颁布的《幼儿园工作规程》,反思现状,认准方向,重拾信心,继续"以促进儿童自主性发展为特色的活动区教育课程"的研究,并积极寻找该项研究的法规依据、理论依据和现实依据。我园经历了区域活动研究的创立、发展和成熟阶段,不管外界五花八门的"新潮诱惑",我们仍然坚定不移地走自己的路,这一走,我们足足坚持了近三十年!

那些年的幸运和领路人。当年教育部在全国选派了 10 名幼儿园教师前往美国参加 CIP 国际文化交流项目,进修 3—8 岁儿童教育和蒙台梭利教育,很荣幸我也成为了这 10 名教师中的一员。回国后我被德高望重的陈月清园长邀请到东方红幼儿园工作并当上了实验班的教师,主要负责区域活动的创建工作和课程改革实验。幸运的是,我有机会跟黄洁英、林举卿等得力干将同班工作,在漫漫探索之路上并肩作战。陈月清园长是一位高瞻远瞩、胆识过人、个性硬朗和极富开拓精神的领导,在她的带领、支持、鼓励和鞭策下,即使在区域活动的研究与实践陷入最大困境甚至几乎夭折的时候,我们也能够一如既往地坚持下来。更幸运的是,作为贯彻《幼儿园工作规程》全国十大试点园之一,我们的课程改革得到了教育部幼教处朱暮菊等多位领导的支持以及行内诸多著名幼教专家的指导。区域活动在幼儿园的开展逐渐彰显了其在促进儿童发展方面的明显优势,因此也得到越来越多同行的关注、认同和研究,慢慢地,有关区域活动的相关研究和实践在全国各地开花结果,我们也得到越来越多相互学习借鉴的机会。

那种收获的喜悦与感动。难忘那些年,我们多次在全国及各级研讨会上表明我们改革的决心,诉说我们的探求,宣扬我们的理念,汇报我们的收获;难忘 1993 年,我园年仅 23 岁的优秀教育骨干林举卿老师在广东江门举行的

幼儿教育国际研讨会上自信地宣读论文的风采;难忘东方红幼儿园老师们每一天收获着孩子们的收获,每一年收获着数不清的"成绩单",更收获着家长们热情洋溢的肯定。说到底,区域活动的研究是一场革命性的课程改革,我们在这场改革中获得了大量可视性成果的同时,也让诸多参与研究和改革的教师们获得了根本性的专业成长。当然最重要的是,课程的改革促使孩子们的身心更加和谐健康地发展,我们为此而自豪、感动和骄傲。

这些年的怀念和感恩。时间飞逝,日月奔流。本书将要出版之时,特别怀念那些年的光辉岁月,怀念一直鼓舞我们士气的各级领导、一起并肩作战的历经三代的同事们、在关键时刻给予我们指导帮助的专家们以及长期以来对我们的课程改革工作给予关心、包容和支持的家长、社区朋友们!特别难忘曾担任我园特约课改专家的华南师范大学张博教授,让我们受益匪浅,特别感谢华南师范大学杨宁教授在此书出版的始末都给予极大的鼓励,还亲自给我们审稿。感恩所有的你们,有你们真好!

未来的期望和期待。由于我们的理论水平、实践探索和撰写能力有限,本书难免有各种错误和缺点,谨请读者提出宝贵的意见。此外,虽然时代变迁迅猛,横跨近三十年的教育成果并不能完全满足当今的教育要求,但是东方红人的奋斗故事以及"爱幼为本,奉献为乐,开拓进取,勇攀高峰"的园丁精神是值得学习和传颂的!

记得中国学前教育专家、北京师范大学的冯晓霞老师说过:"活动区只是一个舞台,就看你在上面演什么和如何把它演好。"课程改革是幼儿园永恒的旋律!

王致青

2018 年 6 月于广州

目录

第一章 东方红活动区课程的理念与发展历程

一、源起

在 20 世纪 80 年代末,幼儿园实行分科教学,其教学形式普遍以集体活动、上"课"为主。在这些集体活动中,教师只注重知识技能的传授,要求全班幼儿端坐听讲并掌握知识。这种教育模式存在抑制幼儿学习的主动性和创造性,忽视幼儿个体差异性等问题。我们意识到要改变这种状况,首先就要尊重儿童,确立儿童的主体地位,创设有利于儿童主动学习的园本课程,让每个儿童都能得到全面的发展。但是,究竟什么样的活动形式才能让儿童主动、愉悦地学习、探索? 我们针对此问题进行了深入的研究。

(一)活动区课程出现的缘由

活动区课程创始于欧洲学前教育机构,20 世纪 70 年代始流行于美国幼教界,被看作是"开放教育"思想的具体体现。80 年代末引入我国学前教育领域后,对传统的"上课"、集体活动、分科教学等等带来了很大的冲击,可以说是革命性的改革。

为什么是革命性的课程改革呢? 传统幼教存在着"四中心"问题:课堂中心、教材中心、教师中心、教具中心。具体来说,教师注重知识技能的传授,幼儿则只能单向被动地学习。这种教育模式忽视了幼儿的个体差异,没有真正地促进每一个孩子的发展;忽视了师生之间的双向互动;忽视了幼儿学习兴趣的培养;忽视了孩子探索和实践的机会;同时也忽视了我国的国情和各个地区的实际情况。

活动区教学之所以能够得到我国幼儿教育界的广泛认可并实践,主要因为它是以幼儿为主体开展活动的教育形式,它能够促进幼儿通过自主选择、相互交流和持续探索得到成长。教师通过设计、提供可供幼儿操作的环境以及各种活动材料,让幼儿在与环境的互动中主动建构自己的知识体系,"以幼为本"在这里得到了充分的体现。

(二)创立活动区课程的依据

1. 法规依据

我国在 1996 年正式颁布的《幼儿园工作规程》的第四章对幼儿园教育提出了

明确的要求,其中第23条就蕴含了几个关键点:①以积极运用感官为原则,引导幼儿主动活动;②要遵循幼儿身心发展规律,符合幼儿年龄特点,关注幼儿的实际水平和兴趣;③注重个体差异,因材施教,促进每一个幼儿在不同水平上的发展。而2000年颁布的《幼儿园教育指导纲要》中更明确指出:"环境是重要的教育资源,应通过环境的创设和利用,有效促进幼儿的发展。"其中非常突出"创设"和"利用"。过去相当长时间里我们对"环境创设"含义的理解存在误区——主要是比较重视物质环境的创设,缺乏精神环境的创设,缺乏幼儿操作材料,或是没有尊重幼儿的兴趣以及及时更换材料等等。在材料的利用上,老师们惯常的思维就是认为孩子要教才会,所以他们习惯于将孩子需要习得的相关经验直接传授于孩子,而不是将其渗透于环境之中,让孩子潜移默化地获得生活需要的各种经验。这些正是需要我们探索和研究的课题。

游戏是开展幼儿园教育的基本活动,孩子们在丰富多彩的活动中得到身心的健康发展,这也正是幼儿园开设活动区的出发点,我国的区域活动也正是在这一理念的支持下出现的。"活动区"设立的目的在于提供一种开放的游戏学习环境,鼓励幼儿自由选择、自由探索,在和环境的相互作用中获得身体、情感、认知、语言及社会性等各方面的发展。因此活动区绝不是简单的环境装饰,或是教师用于过渡或打发课余时间的一种手段,活动区是一种全面促进幼儿身心发展并有着重要教育价值的教学平台。

2. 理论依据

(1) 对蒙氏教学方法的学习及创造性再现

活动区教学的思想源于西方,最早由意大利著名幼儿教育家蒙台梭利女士提出。蒙台梭利认为儿童自身具有发展的能力,而教育就是促进儿童内在力量自我发展的过程。因此,教师的任务就在于为儿童设置一个良好的环境,"这个环境将具有促使儿童聚精会神的最有力的外部条件"。让儿童在专心的活动中培养意志力和遵守秩序的习惯。蒙台梭利还认为"帮助儿童不断变好的是环境本身",儿童有自我教育的方法。因此教师要有"鹰一样的眼睛",在活动中观察儿童,敏锐地发现儿童的兴趣和需要,然后在此基础上给儿童提供活动的环境和教具,让儿童通过与教学材料和学习玩具的相互作用来学习。

感官教育是蒙台梭利教育法的一个重要内容。她认为让儿童在不同感官发展的关键期进行相应的感官练习是儿童获得知识的基础。为此她精心设计了一套发展感官的教学材料,满足不同个体的发展需要。让儿童通过控制、操作教具来进行不同的感官训练,达到自我发展的目标。

在实践中,我们将蒙氏教育思想与我园区域活动的实践相结合,针对每个区域和各年龄段的特点投放适宜的活动材料,经过二十多年的研究与实践,我们不断地完善整个活动区教学的系统,逐步地从一个区域发展到多个区域共同发展并最终形成一日活动区域化、具有本园特色的课程理念。

(2) 各种先进理论的支持

杜威的以儿童为中心、注重经验的教育思想和皮亚杰的建构主义理论使我们课程改革方向进一步明朗。这两位教育家强调环境对儿童发展的重要性,他们认为儿童在环境中通过真实物体和真情实景来解决问题和进行学习,所以教师要为儿童创设一个自由的、丰富的、能满足不同需要的环境让儿童不断丰富经验,从而进行学习。

冯晓霞教授也多次对"活动理论"进行阐述,这让我们受益匪浅。她说过的一句话让我们记忆犹新:"我们不要以为活动区很神秘,活动区就是一个舞台,看我们老师如何利用这个舞台,让孩子在上面主动地、生动地表演,获得身心良好的发展。"

总之,国内外教育专家的思想为我园区域活动的实践奠定了良好的理论基础,我们坚信幼儿的学习是在与环境的互动中发生的,而教师要做的就是为他们提供丰富多彩的物质环境以及创设温馨的、可接纳的心理环境。

3. 现实依据

实践中我们发现国内很多幼儿园都存在诸如班级人数多、教师数量少、课室空间小、教具材料少、幼儿学习机会少、教师对开展区域活动困惑多等等问题。然而,我们认为越是大兵团的班级越应该进行分区活动,它让更多的孩子有主动学习的机会,有直接体验的过程,同时便于教师对儿童展开个别化的指导。如此,便更好地实现教学信息的多向性传递,使幼儿获得更大限度的自我学习、自我探索、自我发现和自我完善。

活动区课程发展历程示意图（如图 1‑1 所示）：

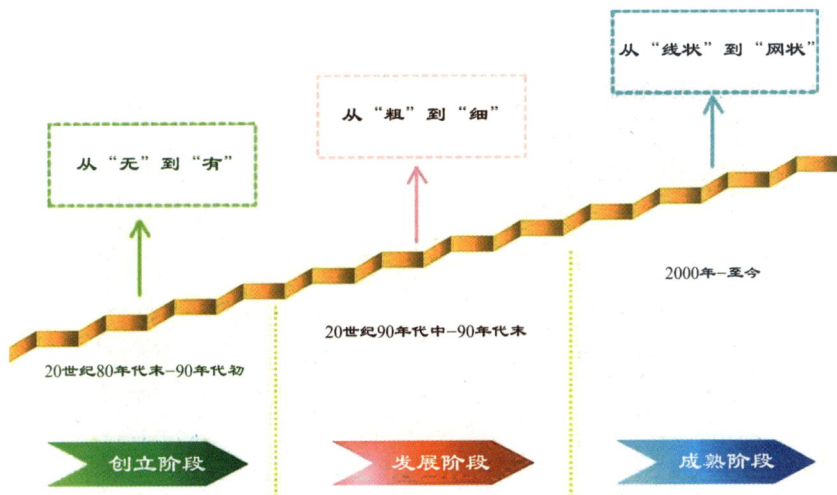

图 1‑1　活动区课程发展历程示意图

二、创立阶段——从无到有的发展

1989年9月,我们借鉴蒙台梭利教学经验创建了第一个活动区——数学区(如图1-2所示)。因为数学本身具有相对概括抽象的特点,对学习者的思维发展水平有一定的要求,而幼儿期思维的典型特征是具体形象,对于相对抽象的数学,如果单靠教师的言语传授可能较难理解,所以我们率先建立了数学活动区,希望以此促进幼儿在主动操作各种具体形象的材料中逐步感受数学的趣味性并建构相关数学经验。

在这之后,我们又增加了语言区和美工区。课室环境的布置有了根本性的转变,不仅仅局限于墙面的美化和幼儿玩具的简单摆放,而是对环境有了更合理的布置。我们将寓含各种教育意义的材料放置于各区域中并定时更换,使环境的内涵更加丰富,教育的作用更强。

【我们的尝试】

在实践初期,我们先设立了三个区域:数学区、语言区和美工区,并以数学区为试点,开展"前期的分区活动"。班里的孩子被分为三个组(如A、B、C三组),每天、每组指定进入一个区域活动,第二天、第三天依次整组轮换到没有进入的区域活动,这就是我们最初期的分区活动,老师已经开始有意识地从大集体的教学形式转变到小组化的活动模式(这模式后来被东方红人笑称为"小蛇吃豆腐")。经过一段时间的实践和研讨,老师们觉得这种模式虽然在形式上是进行了大胆的尝试和改变,孩子们在活动时也更积极主动了,但是孩子们的主体地位还没有充分体现出来,归根结底是老师们的观念仍然存在问题。于是,老师们经过长期的教研活动,逐步更新了自己的教育观念,在以幼儿为主体的观念的指导下,重新设定了活动

图1-2 第一个活动区——数学区

区的活动模式和活动内涵。在区域模式上,设立了三个主要的区域:语言区、数学区和美工区,每个区域设置了不同的标志,幼儿每人都有一张活动卡,他们拿着自己的活动卡,按自己的意愿选择区域活动,活动后自己做好记录,孩子们学习的积极性和主动性马上就提高了。我们认为孩子们学习的积极性和主动性的提高可能是因为他们可以自由选择自己喜欢的活动区以及相应的活动材料,在活动中充分体现了个体的自主性。至此,我园的区域活动初见成效!

【 我们的收获 】

(一) 环境的改变

教师对环境教育功能的新认识:

① 蒙台梭利认为儿童自身具有发展的能力,而教育就是促进儿童内在力量自我发展的过程。因此,教师的任务就在于为儿童设置一个良好的环境,让儿童在专注的活动中,培养意志力和遵守秩序的习惯。

② 蒙台梭利一直反对教师的说理教育,认为"帮助儿童不断变好的正是环境本身",儿童有自我教育的方法。因此教师要有"鹰一样的眼睛",在活动中观察儿童,敏锐地发现儿童的兴趣和需要,然后在此基础上给儿童提供活动的环境和教玩具,让儿童在与教玩具的相互作用中进行学习。

③ 感官教育是蒙台梭利教育法的一个重要内容。蒙台梭利认为,让儿童在其不同感官发展的关键期进行相应的感官练习是儿童获得知识的基础。为此她精心设计了一套发展感官的教学材料,满足不同个体的发展需要。让儿童通过控制、操作教玩具来进行不同的感官训练,达到自我发展的目标。

④ 对杜威的以儿童为中心、注重经验的教育思想和皮亚杰的建构主义理论的学习也使我们进一步明确了课程改革的方向。杜威和皮亚杰认为,儿童在与真实环境的互动中建构自己的知识经验,所以教师应该是环境的创设者、儿童游戏的观察者和指导者。

总之,在不断的实践中,我们对课室的环境布置进行了根本性的改变,这些改变不仅仅局限于墙面的美化和玩具的简单摆放,还追求环境深层的教育意义。

(二) 幼儿的改变

我们努力贯彻和执行以幼儿为中心的教育理念,实现了从大兵团的教学形式到小组化的转变,从投放第一套学具起,我们就坚持幼儿自己探索、自己独立操作学具的原则。在这种活动形式下,幼儿也发生着惊人的变化。

首先,幼儿的活动形式和学习方式发生了变化,在我们课改之前,幼儿在园中更多进行的是集体活动,因此学习方式主要是以被动地接受为主,课改之后,孩子

图1-3 立体的活动区域设置

们个别化活动的时间增多,他们有了更多自主探究的时间,学习方式转变为以主动地发现学习为主(如图1-3所示)。

这种活动形式和学习方式的转变带动了幼儿在园精神状态和学习效果的转变。具体来说,首先,我们发现当孩子逐渐适应了这种活动形式和学习方式之后,孩子们变得更加积极主动,从他们兴奋的表情中我们认为这种形式的活动至少为幼儿积极情绪的培养创造了条件;其次,在活动中,孩子与孩子之间的社会交往和言语交流的机会增加了,也有利于幼儿社会性和言语能力的发展。最后,由于区域活动中幼儿需要直接操作各种活动材料,因此遇到的问题也越来越多,这相应地激发了孩子的探究欲望,提高了他们解决问题的能力。

(三)教师角色的改变

教师从传统集体教学的繁重的讲课任务中解脱出来(如图1-4所示),不再是

图1-4 教师在区域中指导幼儿操作

课程内容的权威决定者。教师们通过在区域活动中的认真观察,了解幼儿的兴趣、需要并结合国家的教育目标生成了生活化、经验化的课程内容。在活动过程中,教师是幼儿活动的观察者、支持者、引导者和参与者,他们有更多的机会观察幼儿、了解幼儿,能够及时地与个别幼儿交流沟通,给他们提供适当的帮助。

【我们的思考】

在活动区实践的过程中,我们也遇到了不少困难:首先就是学具的设计,活动区需要教师提供大量的学习材料,并定期更换,而且每套学具的目的性要强,要适应不同幼儿的需要;其次就是活动区域的增加,一个班只有数学区是远远不够的,只有开放多个区域让幼儿自由选择才能让每个幼儿得到充足的学习机会;再次就是教师的指导,教师适时、合理的指导能帮助、鼓励幼儿不断地挑战困难,只有专业素质高、经验丰富、目光敏锐的教师才能做到。面对这些困难,我们并没有退缩,而是踏踏实实地做好每一项工作,逐步推行我们的教育改革和加强教师的培训,为园本课程的建设打好坚实的基础。

三、发展阶段——从粗到细的发展

经过不断地探索,我们逐渐形成了以活动区为主要形式的课程雏形,形成了一个相对固定的教学流程(具体如图1-5所示):

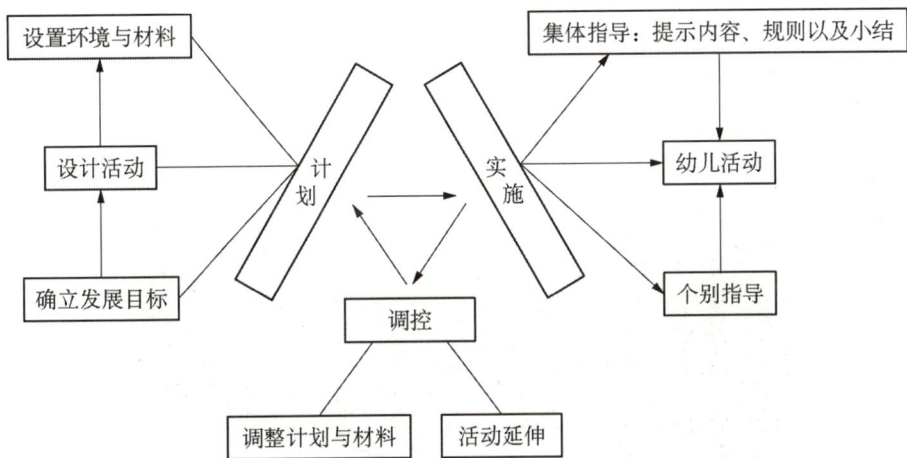

图1-5　相对固定的教学流程

在发展的过程中,我们遇到的问题也越来越多,我们意识到在教育的过程中,关键是要处理好整个教育流程中的各步骤、各环节以及它们相互之间的关系的问题。如:制定怎样的计划便于针对性地实施教育? 实施过程中教师如何发挥作用才能既面向全体幼儿,同时又能有效地促进每个幼儿在各自不同水平上的发展呢?如何处理实施过程中出现的预料之外的问题呢?

【我们的尝试】

(一)制定弹性教育计划

设计多层次活动。制定计划时,教师首先分析了全班幼儿的发展状况,明确他们之间的差异,然后分别为不同发展水平的幼儿设计不同的活动。在活动目标方面,有同一目标和不同目标;在活动内容方面,有同一内容和多个内容;在活动方式方面,有高要求和低要求……总之,活动区多层次的教育计划要体现活动目标的指向性、活动内容的多样性、活动方式的灵活性和活动指导的针对性。

(二)改善活动环境

① 活动区域的扩大。增加活动区域的类型,除数学区之外,新增设了语言区、美工区、益智区、科学区、音乐区、运动区、建构区、烹饪区、沙水区、木工区、娱乐区、悠闲区等多种类型的活动区域,充实丰富了各区域内的活动内容,使幼儿有更多的机会根据自己的兴趣、需要选择活动内容。同时,我们也扩大活动的空间,把过去局限于室内的活动都尽量安排到户外更广阔的空间去,让幼儿自由地选择活动的地点,也避免了幼儿在活动时互相干扰的影响;我们还相对延长在活动区活动的时间,让幼儿在一天不同的时间(自选游戏活动、自由活动)完成活动区内未完成的内容。这样,幼儿有了更多的机会选择和安排自己的活动,逐步学会安排自己的生活,任务意识得到初步的培养(如图1-6所示)。

图1-6 幼儿在科学区操作材料

② 投放多功能的活动材料。我们增加了活动材料的数量,同时也丰富了活动材料的种类,力求所设置的材料对幼儿起到一种暗示性、间接指导的作用。我们投放的材料包括平面与立体的学具、新物品与废旧材料(半成品)、个别操作与合作操作的学具等。我们根据不同的指导思想来提供不同种类的活动材料,如在语言区内,我们增加了一些立体教具和合作讨论、扮演的活动,这样不仅有助于幼儿理解作品的情节,又能丰富幼儿的联想,他们可以随时根据自己的想法改编或自编故事的内容;个别操作的学具材料有利于培养幼儿独立思考和行动的能力;合作操作的材料为幼儿提供了社会性交往、言语交流和竞争的机会,有利于幼儿社会性和言语能力的发展。

多功能的活动材料既可以促进幼儿多方面的发展,又可以促进幼儿在各自发展水平上的纵向提高。如:数学操作材料"给物体配对",刚开始幼儿按照教师的提示要求把"书"—"眼睛"、"纸"—"笔"、"小鸟"—"鸟窝"等物品进行配对,当幼儿操作熟练后,有些孩子会自己改变玩法把物品分为食品类、动物类、生活用品类等等。

图 1-7　专家来园指导活动区课程建设

(三)实现教师角色转换

教师角色转换的问题也就是教师如何发挥作用的问题。从活动区教育流程图看,教师首先为幼儿的活动制定计划、设置环境和提供材料。在这一步骤中,教师的角色是单一的,只是一个准备者。然而在实施和调整过程中,教师的角色是多样的:可以成为幼儿活动的观察者、知识的传授者、幼儿活动过程的引导者和指导者,还可以是活动过程的调控者。多个角色出现在幼儿活动的过程中,有效地突出了教育过程中以教师为主导、以幼儿为主体的作用。如在大班的科学活动"认识放大镜"中,在为幼儿提供放大镜以及各种供观察用的物品时教师是准备者,幼儿进行探索活动时教师是观察者,在向幼儿提供观察方法或回答幼儿提出的各种问题时教师则成了一个知识的传授者、问题的解答者和活动的指导者。教师每一个角色在什么时候、对哪一个幼儿发生作用都需要教师在有计划的前提下进行随机灵活的处理。

【我们的收获】

(一)在开放性的环境设置及教育中实现了教学信息的多向性传递

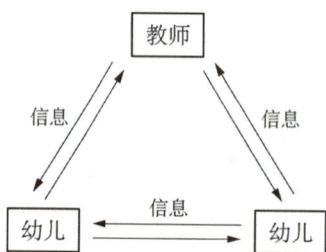

图1-8　师幼金三角关系图

我们在探索分区活动的过程中,十分注重创设开放性的环境和进行开放性的教育活动。开放性的环境使幼儿可以在一种安全、舒适的氛围中自由地选择、取放活动材料,为开放性的教育活动提供了前提条件。教育活动的开放性,使幼儿能自由选择活动区域、活动学具、合作玩伴,这样使幼儿与教师、幼儿与幼儿之间增加了交流的机会,使教学信息形成了多向性的流通方式,就像一个多层次的活动设计(如图1-8所示)。

(二)多层次的活动设计满足了不同水平幼儿的需要

多层次的活动设计使不同水平的幼儿都能找到自己感兴趣、符合自己水平的学具和内容,允许幼儿根据自己的兴趣学习、发展,按照自己的思维方式、爱好去开展学习活动,而教师则根据幼儿的实际需要提供帮助和指导,从而满足不同幼儿的需要,使每个幼儿都能在自己原有水平的基础上得到提高。如学习"数的形成"时,有的幼儿需要从"2"的形成开始一个一个地学,而另外一些孩子则能举一反三,学会了一个数的形成后,其余的就能类推了。针对这些情况,教师设计了符合不同认知水平幼儿操作的学具。在指导的过程中,教师也根据不同幼儿的需要进行指导:引导个别幼儿用实物帮助,提示一些幼儿借助符号或图形进行思考,帮助个别幼儿脱离辅助物在心里默数等,按照幼儿的实际水平、实际需要提供不同的有针对性的帮助。

(三)在"面向未来"的教育活动中让幼儿受益终生

首先,开放性的教育萌发了幼儿的规则意识和任务意识,使他们初步有了良好的行为品质,这为他们在未来进入社会成为一个遵纪守法的公民奠定了良好的基础;其次,在实现教师角色转换过程中,促进幼儿主人翁精神的形成。我们让幼儿做自己学习的主人,让幼儿学会安排自己的活动内容,放开幼儿的手脚,鼓励他们自己动手动脑,培养他们敢想敢做的主人翁精神;再次,在开放性的教学组织中,发展了幼儿交往的能力。分区活动是开放性的教育活动,教育信息在教师、孩子之间多向性地传递,他们不需要依靠教师安排活动伙伴,而靠自己想办法向同伴发出邀请、提出自己的要求、表达自己的愿望,从而使幼儿懂得了与人交往的规则和礼仪;最后,开放性教育教会幼儿如何进行学习。教师在分区活动中主要是为幼儿提供一些材料,提出一些问题,关键是让他们通过自己动手动脑、与同伴以及教师的讨论、向书本求知中,学会自己寻找答案,培养自己的探索精神。

【我们的反思】

(一) 树立过程意识

教师教的过程,要成为促进幼儿发现问题、分析问题和解决问题的过程,而不是单纯成为幼儿模仿和记忆的过程。幼儿从一个发展起点跃向另一个发展起点,有的幼儿通过一两次的活动就能达到,而有的则需要多次甚至更长时间的一个阶段才能达到,这就要求教师必须在耐心观察的同时学会耐心等待,使课程成为动态的过程。

(二) 学会寻找课程的发展

要使幼儿有效地获得体智德美以及身心和谐的发展,单一学科的教育是不够的。要使幼儿得到真正意义上的"和谐"发展,我们必须学会充分挖掘每个活动的教育功能,并随时寻找身边对幼儿发展有价值的事物来影响幼儿的言行。

四、成熟阶段——由线性到网状的发展

注重活动的过程,促进每个幼儿在活动中获得真正意义上的发展,是我们在课程的完善阶段所要解决的问题。我们探索和总结了活动区教学的活动性、启发性、步骤性、发展性、个性化和综合性六大原则,并根据教师在教育过程中的观察、判断、分析、指导等问题和幼儿在活动中主动学习的过程,构建自己的知识体系。

【我们的尝试】

随着我们对活动区课程本质理解的深入,今天的活动区已不再局限于园内环境区域的划分,而是要充分利用各种资源,使其为教育所用。此外,对瑞吉欧方案教学和多元智能理论的学习、理解,也拓展了我们对活动区教育内涵的理解,使我园以活动区为特色的儿童主体发展课程更加丰富。

(一) 从活动区的目标来说

我们不但要求教师根据每个幼儿不同的发展水平和需要,制定多层次的目

标,让每个幼儿都能在原有的水平上有所提高,还要求教师能根据幼儿在活动中的兴趣和需要的转变而及时调整教育目标,生成新的教学计划。这需要教师更多地观察孩子、了解孩子和关注孩子的需要,从幼儿的谈话、行动中及时抓住教育契机。

(二) 从活动区的内容来说

新的教育理念给我们的教育带来了新的启示,教育不再只是在幼儿园完成,而应该在幼儿园的外部环境中挖掘更丰富的教育资源,形成家庭、幼儿园、社区三维互动的立体教育网,使活动区教育的内涵更加丰富。家园互动活动不仅丰富了幼儿的知识储备,还进一步开阔了幼儿的眼界。幼儿来自不同的家庭,社会背景的不同也使幼儿获取知识经验的渠道不同。我们也充分利用这些特点,鼓励家长和幼儿去寻找有关活动主题的资料,比如剪报、网上查询、到图书馆找资料等,然后再让幼儿在幼儿园交流获得的信息和获取信息的方法,让孩子懂得听取和吸收他人知识的重要性。

(三) 从活动区的形式来说

集体活动、小组活动和个体活动已不是单一的教育形式。教师通过观察幼儿在活动过程中的表现,灵活地转换组织形式,才能让活动更符合幼儿的需要,才能让幼儿之间及时地交换信息和获得经验,从而达到资源共享的目的。为此,我们尝试同龄合班分区、混龄合班分区进行活动,这样让更多的孩子有更多的机会和渠道从同伴身上、不同风格的教师身上获得经验。并且随着理论的不断更新,我们融入瑞吉欧方案教学的理论,使活动区的形式更丰富。这在以往的活动区教学中是没有的。

(四) 从活动区的角色来说

在活动区的教育过程中,参与的不仅仅是教师和幼儿,教师根据活动的需要邀请社区人员、义工、家长作为活动的组织者或参与者,为活动区教育带来新的资源。如我们和社区一起合作开展了"垃圾分类"的活动,活动中,社区的工作人员利用自己的知识和园内的老师、幼儿合作表演小品《环保小超人》并开展知识竞赛等。而家长们对自己的工作领域非常熟悉,不同的家庭又具有不同的生活方式和家庭背景,这对于幼儿教育来说,是一个不可多得的资源,我们每学期都邀请家长来扮演家长教师的角色,和幼儿共同探讨问题,这也使家长对亲子教育多了一份体悟。

(五) 从活动区的过程来说

幼儿在活动区教学中是学习的主体,幼儿的自主性、创造性、独立性的充分展现是教育的真正价值所在,是素质教育的基本要求,而幼儿主体性的发展只有在活动的过程中才能实现。教师要做的就是在活动区教学中转变观念,重新审视幼儿活动及其过程的真正价值,树立正确的活动区教学价值观。

(六)从活动区的评价来说

从活动区的评价来说,经过实践,教师从重视终结性评价到重视过程性评价。不仅创建了幼儿个案记录——《宝宝成长档案》,还有各个活动区记录,这些评价记录在丰富和完善五大领域中的指标外,还让家长和孩子自己参与评价。教师、家长、幼儿对幼儿每个时期的发展、突发的事件、有趣的经验、在活动中的见解都一一记录下来,这就不是单一的评价了,而是形成了一个纵横交错的评价网络。父母和教师得到了有关孩子的真实记录和描述以及建议,知道什么样的经历和活动才能发扬孩子的长处并弥补弱点,并做出下一步的教育策略,让孩子从活动中得到自我价值的肯定和实现。

(七)从活动区参与者的发展来说

从参与者的发展来说,它为教师们提供了成长的平台;为孩子提供自由的舞台,让他们在活动区里获得经验,构建自己的知识体系;为家长提供了参与教育、发挥教育功能的空间。教师、幼儿、家长在参与的过程中共同学习知识和创造知识。

【我们的收获】

(一)教师懂得如何在区内对幼儿进行有效指导

例如在"帮叶子找妈妈"的活动中,幼儿因为一时不会分辨"铁树"、"朱顶兰"和"金边吊兰"叶子的特征而争吵。老师了解他们所争论的问题后,引导他们细致地观察三种叶子的异同,最后几个幼儿同时判断出那块长叶子的"妈妈"就是"铁树"。这样的活动不但使幼儿学会运用感官来认识世界,学会用讨论、对比等方法进行探索学习,而且能大胆发表见解,听取别人的意见。因此,幼儿在活动中,教师需要准确地把握幼儿的发展方向,了解幼儿在活动中遇到的问题,清晰了解幼儿需要的帮助,在此基础上再对幼儿的活动进行适宜的引导(如图 1-9 所示)。

图1-9　教师在分区活动中进行指导

（二）幼儿懂得如何在活动中主动学习并建构自己的知识体系

对我们的活动区教育，有人提出了疑问：没有了集体授课，幼儿能自己学习吗？下面一个大班孩子的数学活动可以回答这个问题。

一个五岁半的女孩子，拿了一套学习单双数的材料（包括 10 个蘑菇、55 个圆点，红、绿回形针各 5 个）。起初她并不知道这套材料的使用是为了帮助他们学习单双数。开始的时候老师提出了第一个任务，请她在蘑菇 1—10 的数字上一一摆上相应数量的圆点。然后提出第二个任务，把蘑菇上的圆点成双成对地排列，做好后她问老师："为什么有的圆点没有朋友？"老师没有直接告诉她，而是请她在凡是有一个圆点没有朋友的蘑菇上别上红色回形针，在有圆点朋友的蘑菇上别上一个绿色回形针（即交待第三个任务）。然后给她第四个任务，把红、绿回形针的蘑菇按从小到大的顺序排列，并问她："这两排蘑菇有什么不同？"最后告诉她，物体数量能成对的是双数，有一个不能成对的是单数，孩子指着数字马上说："我知道了，1、3、5、7、9 是单数，2、4、6、8、10 是双数。"从这个例子看，在幼儿活动过程中，孩子完全是依靠与材料的直接接触，通过摆摆、想想、问问、说说，在活动过程中一步一步地"悟"出单双数的概念。所以我们相信，只要提供适宜的材料，孩子就能通过主动学习来掌握知识，并不需要完全依赖教师的讲解传授。

图 1-10　幼儿合作操作学具

【我们的思考】

自 1989 年到现在，活动区教育的探索经过了建立、发展和成熟几个阶段。这个过程既是我们贯彻落实国家教育法规的过程，也是实现"让孩子们成为健康发展的小主人"教育理想的过程。作为教育者，我们有踏出第一步的茫然，也有跌倒再爬起来的坚持，更有走向成功的喜悦。纵观现状，着眼未来，我们愿与读者分享几点心得和思考。

我们应该对活动区教学的实质理解透彻，而不仅仅注重分区的形式，具体来讲，涉及以下问题：

1. 以分区活动为主要教育形式

一方面，活动区是儿童自主活动的空间，它能供幼儿开展持续不断的探索活动，促进幼儿创造意识的萌芽和创造能力的发展；另一方面，活动区可提供多种类型的学习方式让幼儿选择,如:观察、操作和倾听学习、两维学习和三维学习、室内学习和户外学习、同时学习和继时学习等等。随着对活动区教育功能的不断开发和利用,我们越来越清晰地看到活动区的无限空间、资源和功能,孩子的发展也是无限的。因此,活动区不是上课的"预习、复习或补习的场所",活动区应成为促进孩子发展的主要场所。

2. 树立过程意识

(1) 教师要重视幼儿活动的过程而不是活动的结果,要有耐心地等待

相对于课堂教学,活动区教学更注重儿童学习活动的过程。作为教师,一定要学会在活动区里让孩子充分地活动、探索、发现、交流、分享,特别要宽容地对待孩子的"犯错"、"动作慢"、"争辩"或"未完成"等问题。我们要让孩子进入一种更有意义的学习——发现学习的状态,学习寻找事物的规律。这类知识不仅是一种结果,更是一个过程;不仅是知识性的,也带有程序性的;不仅是一种确定的结论,还带有精神、态度、方法的意义(包括使用意义、启发意义和发展意义)。这类知识必须通过孩子自身的活动去获得。当然,孩子获得这类知识的过程是渐进的,甚至是漫长的。因此,我们要相信孩子是有自悟能力的,要能"在观察的同时学会耐心地等待"。

(2) 塑造新型师生关系,认清教师角色,把握指导重点

我们觉得在活动区里,幼儿是活动的主体,教师是启发者、引导者和"助产士",活动区里的师生关系应该是合作伙伴关系。因此,教师要尊重孩子的合理做法和想法,把指导的重点放在观察和促进孩子的发展上,并在此基础上有依据地进行合作性的指导,同时要通过师生"对话",逐渐形成两者之间的理解、沟通、互信、互重,营造融洽的氛围,继而达到师生共同成长的目的。

(3) 提供适宜的活动区材料并及时调整

活动区里的材料应成为孩子探索的工具,并随着孩子的发展需要不断更新,教师提供的各种操作材料一定要有年龄特点与学科特色,符合孩子的实际水平和兴趣需要,具有多种功能且便于操作,同时要根据孩子的需要不断更换活动区里的材料。

随着社会的进步和发展,课程的改革将是永恒的主题。活动区课程的创新和发展,已经成为幼儿园课程中重要的内容。它向幼儿展现了一个多元化、多功能、多层次的自由开放的活动环境,让幼儿在与学习材料的互动中,都有充足的机会选择符合自己学习特点和学习需求的学具,成为学习活动的主人。活动区课程所特有的灵动的课程生命和无限课程价值使其有持续发展的动力,在幼儿园课程发展过程中有着不可代替的作用。虽然,我们仍在不断探索和提升,但我们有信心迎接每一天新的挑战和考验,让活动区课程继续闪耀着绚丽的色彩。

第二章 活动区的环境创设

　　幼儿园教育环境是指幼儿园教育赖以进行的一切条件的总和，是幼儿发展的资源。幼儿是通过与环境的相互作用来开展活动的，按照内容性质的维度划分，幼儿园教育环境包括物质环境与心理环境两部分；按照场地性质的维度划分，幼儿园教育环境包括室内环境和室外环境。本章内容主要讨论幼儿园室内活动区物质和心理环境的创设问题。

　　随着《3—6岁儿童学习与发展指南》（以下简称《指南》）的发布，幼儿园环境越来越受到广大幼儿教师的关注，幼儿园环境也得到了很大的改善。在活动区中，教师更多地是一名观察者和引导者，因此"环境因素，如游戏空间、空间安排以及玩具和设施的选择，都对儿童的游戏行为具有重大的影响"[①]。本章将探讨幼儿园活动区环境创设的相关问题。

第一节　幼儿园室内活动区物质环境的创设

　　物质环境指幼儿园内教室、寝室、活动室等场所的教学设施、用具的布置及幼儿园户外场地及设施，形成可见且可接触的环境。本章所探讨的活动区的物质环境特指室内活动区域内的环境设置以及教玩具的投放与设置。

　　物质环境规划能加强环境与幼儿的相互作用。物质环境又分外显性环境和内隐性环境。**外显性环境**就通过环境物质化的设施呈现教育功能。如针对幼儿的年龄特点设计合适的环境布置或学具，让幼儿达成最近发展区的目标。**内隐性环境**是指所建立的活动区物质环境以间接、内隐的方式呈现的内在环境。如区域环境中设置的规则就能促进幼儿的自我管理能力、人际交往能力、问题解决能力和自制力等。

---

① 约翰逊.游戏与儿童早期发展[M].华爱华，等，译.上海：华东师范大学出版社，2006：262.

一、活动区物质环境创设的原则

（一）幼儿园教育环境外显性呈现的原则

1. 目标性和探究性原则

艾里克森指出："促进幼儿自主性和主动性的发展，是早期教育的基本任务。"而区域活动环境材料投放的目标性和探究性是促进幼儿自主性发展的前提。

目标性　重点是我们的环境设置要指向孩子的发展，特别是孩子在"最近发展区"的发展。因为，在活动区环境下，"老师的课"已经变成"孩子的活动"，"老师的教具"变成"孩子的学具"了。所以，活动区的环境设置、材料投放应具有科学而明确的目标，根据近阶段的主题目标和幼儿的活动需求及时布置或调整环境，以及投放活动材料。

探究性　通俗地说，我们给予孩子的教育就是"跳一跳，够得着"，从而培养幼儿动手、动脑，支持幼儿与活动环境的积极互动，引导幼儿根据自己的兴趣爱好对客观事物进行动手操作和动脑思考。探究是儿童在动脑思考基础上的动手操作，是儿童动脑思考和动手操作交织进行的活动。不能让幼儿开动脑筋思考的动手操作活动，不能被看作探究活动。例如大班操作活动"迎春花"，目标是幼儿在操作和探索的过程中习得 10 的分解与组成的相关知识，幼儿需要根据学具的要求，找一找 10 的不同分解方法，并找出相关的规律（如图 2-1、图 2-2 所示）。

图 2-1　学具"迎春花"

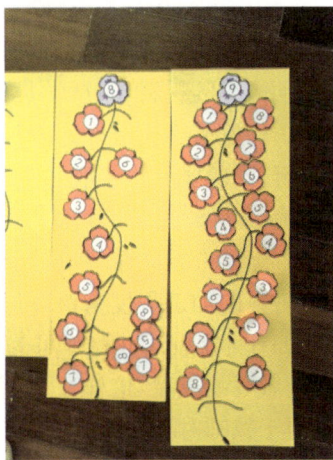

图 2-2　学具"迎春花"把每个数按不同分解方法进行排列，能让幼儿找到规律

2. 针对性原则

针对性原则指教师在设置活动区域环境中应根据一般的情况分类,根据不同年龄段幼儿的身心特点投放不同层次的活动材料,以满足不同发展水平幼儿的活动需求。

例如扮演区的设置就特别需要有针对性,一般来说,小班幼儿喜欢模仿但又缺乏社会经验,所以适合开设角色简单、分工明确的"娃娃家";而中大班孩子的社会经验不断丰富,合作意识加强,认知能力都较小班有了更大的发展,所以可以开设情节比较复杂、品种繁多的"超市购物"角色游戏(如图2-3、图2-4所示)。

图2-3 阳台一角"娃娃家"

图2-4 课室一角"娃娃家"

3. 材料的层次性和调整的便利性原则

活动区里的材料(包括学具、玩具及各种辅助材料)要成为孩子探索的工具,并随着孩子的发展不断更新。教师提供的各种操作材料一定要有年龄特点与学科特色,符合孩子的实际水平和兴趣需要,材料要具有多功能和便于操作的特点,更要适时更换。

(1) 材料的层次性

从材料的加工程度来讲,可为同一个活动区提供原材料、半成品和成品。

比如在木工区里,教师可为幼儿提供制作"沙漏"的空塑料瓶、装饰好的塑料瓶、已经做好的成品,这样才有利于幼儿根据材料的操作难易程度进行个别化的活动,也便于教师对不同能力的幼儿进行针对性的指导和帮助,更好地做到因材施教,促进幼儿在原有水平上有不同程度的提高(如图2-5、图2-6所示)。

又如在数学区里,一套用于学习将物品进行分类的学具,就可以按照本班孩子在学习能力、水平状况和对分类物品的兴趣来设置,比如,按照孩子的学习能力分别提供"一级分类"和"二级分类"的学具材料,按照孩子学习兴趣提供的"按颜色分

图2-5 图示提示幼儿工具的使用

图2-6 材料的多样性提高幼儿在建构中丰富想象力和提高创造力

类"、"按品种分类"、"按大小分类"的学具材料等等(如图2-7、图2-8所示)。

图2-7 数学学具"二维分类",让幼儿按颜色和形状两个特征对图形进行分类

图2-8 数学学具"二级分类"

(2) 材料调整的便利性

材料调整的便利性一方面是指环境与材料应具备多种功能,让教师和幼儿灵活应用;另一方面指要定期更换环境设置和材料,设置变通性强的环境,让幼儿参与更为广泛的活动。材料的提供不能一成不变,而要根据教育目标和幼儿的发展需求,定期不定期地进行调整、补充。

如在语言区中,孩子们很喜欢故事学具《小马过河》,但是随着游戏次数的增加,他们逐渐熟练地掌握了其中的故事情节、角色对话,因此兴趣开始减弱,这时教师就应该根据幼儿当前的水平进行调整。教师可以加入新的故事内容或者增加其他的知识内容重新激发孩子的操作动机(如图2-9、图2-10所示)。

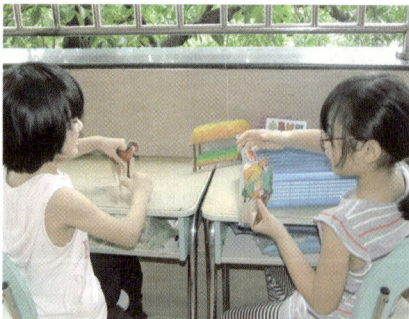

图2-9 语言学具"小马过河"

图2-10 故事扮演"小马过河"

材料调整的便利性还体现在各年龄段及平行班之间的互动上,各班教师应及时沟通、交流幼儿区域活动的情况,做到材料互补、资源共享,让材料真正地为活动提供服务。总的来说,这种变动调整是经常性的,包括在不同时期、不同时段、不同活动种类和不同孩子的发展需要。

4. 开放性和启发性原则

(1) 开放性

开放性表现在活动的空间、时间及玩具材料对幼儿来说是开放和共享的,幼儿可以自由选择、取放玩具材料,活动的场地是按幼儿的需要和愿望布置而且随时可以变化的,活动时间是幼儿可以自由支配的。可以概括地说,"活动区域就是孩子的一间没有门的小屋"(如图2-11、图2-12所示)。

图2-11 用柜子、地台、阁楼划分出错落有致的区域,既能开阔视野,也能让人拥有相对独立的空间

图2-12　用幼儿的作品来分割区域，既增加区域的美感，又多了展示幼儿作品的平台，让幼儿在环境中感受美，建立美

（2）启发性

启发性是指环境与材料的提供应对幼儿有挑战性，启迪幼儿的创造力、想象力、思考判断力和动手解决问题的能力。可以说，"学具是孩子无声的老师"，学具可以"教"会孩子很多知识，悟出很多道理，获得很多经验，形成很多好习惯。

5. 自主性和互动性原则

我们认为，环境创设的最高境界就是做到"以幼儿为主体、教师为主导，高度尊重幼儿参与设计和动手操作的权利，做到师生共同创设和享用环境。创设适宜的环境，提供开放的区域活动空间，促进幼儿主动参与活动环境的创设，包括物质环境（操作材料）"。

（1）自主性

一般来说，我们设置的活动区和各种活动材料被看作是幼儿自主活动的实际对象，也是幼儿教育内容的物化，这些物质为幼儿进行自主选择提供了广阔的空间。幼儿可以根据自己的兴趣爱好、发展类型、优势区域等进行自主选择。活动区最重要的功能就是创造一个能鼓励幼儿自由选择、大胆操作、不断探索的环境，激发幼儿参与活动的积极性、主动性，提高幼儿在游戏中的自主性。概括起来，这种"自主性"可以培养孩子的"八自"精神：自愿、自选、自作（自我工作）、自悟、自乐、自立、自信、自尊。

（2）互动性

互动性是指我们要为孩子创设一个动态环境，让孩子真正在活动中发展，在与他人和他物的相互作用的活动中成长。它包括"三互动"，分别是"与环境的互动"，例如有目的地或无目的地选择活动

图2-13　动态环境的三互动

区域和角落;"与材料的互动",包括各种学具、游戏材料、扮演道具、各种操作工具等等;"与人的互动",包括与同伴的互动、与老师的互动、与活动现场各种人的互动(如图2-13所示)。

教育家陈鹤琴指出:"用儿童的双手和思想布置的环境,会使他们更加深刻地理解环境中的事物,也会使他们更加爱护环境。"因此,教师应该和孩子共同创设园所环境,让环境材料与幼儿互相作用,从而激发幼儿学习的主动性和积极性。

如在主题活动"编织"中,幼儿对编织产生了兴趣,教师可以以此为切入点,引导幼儿将自己想知道的问题收集起来,让家长和幼儿一起针对问题寻找资料。并在美工区的活动中对知识进行实践,在实践的过程中幼儿不断解决新出现的问题,使活动得到不断的延伸(如图2-14至图2-17所示)。

图2-14 幼儿提出问题成为活动的开端

图2-15 家长和幼儿根据问题寻找的答案

图2-16 幼儿和教师一起针对问题答案
进行实践验证

图2-17 在环境中展示幼儿的实践所得

(二) 幼儿园教育环境内隐性呈现的原则

1. 安全性和艺术性原则

(1) 安全性

《幼儿园教育指导纲要》明确指出"幼儿园必须把保护幼儿的生命和促进幼儿的健康放在工作的首位"。所以我们应该关注区域环境的安全和健康问题。孩子是好动的,区域活动也具有动态性,孩子们经常由一个区域转移到另一个区域。因此,在设置区域时,我们首先要考虑安排的场地空间是否安全和便于自由选择,是否会让幼儿感到压抑,区域之间是否会互相干扰,能否保证光线、色彩、温度、湿度、通风等条件,物品摆放的位置是否合适,活动中的材料对幼儿是否容易造成伤害等。针对这些问题,在活动室的四周、室外走廊及走廊拐角处等地方就必须因地制宜地安排不同的活动区域(如图2-18、图2-19所示)。

图2-18　在室外走廊尽头的语言区正在进行扮演活动(1)

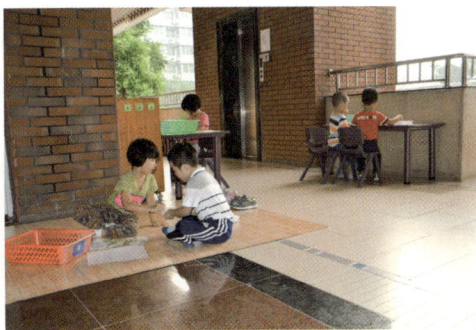

图2-19　在室外走廊尽头的语言区正在进行扮演活动(2)

(2) 艺术性

我们要以"儿童为本",从孩子的心理需要和审美需求去设置,力求达到"和谐美"。我们要从建筑物外观与户外环境、活动区域线条的划分、材料柜高矮、物品颜色与大小以及人际关系等方面考虑儿童的实际需求和审美标准。除了用开放式的柜子进行分割外,还可选用质地柔软的地毯、纱幔、吊饰等不同材质的物品进行区域的划分,使空间划分更有层次感,既有开放性又能维持幼儿活动的私密感,增加活动室的美感和艺术性。比如在美工区,除了展示幼儿的画作外,还可以利用一些层架,展示幼儿的立体构成或陶泥作品,这些层架还可以当作美工区与其他区域的相隔屏风(如图2-20、图2-21所示)。

图 2-20　用不同吊饰做帷幔区分区域

图 2-21　用纱幔遮挡的娃娃家给幼儿
一种家的温暖

2. 渗透性和暗示性原则

(1) 渗透性

我们要学会将教育者的教育意图有机地渗透其中,让环境起到组织、约束、调整幼儿活动行为和相互关系的作用,最大限度地保证幼儿的活动权利。

(2) 暗示性

暗示性是指将区域活动规则蕴涵在环境之中,让"环境会说话",让区域中的环境来告诉幼儿该区域的活动规则等等。比如关于进区人数的限定问题,我们可以采用"对应放置进区卡"、"控制椅子数"、"投放适量同等材料"等方法来提醒幼儿遵守活动规则。又如美工区,教师通过投放适当数量的椅子,让幼儿知道,如果一张桌子配备的椅子坐满了,就去另一张桌子坐,这样可控制幼儿活动空间的人数(如图 2-22 所示)。

图 2-22　用标志控制进区的人数

另外,我们还可以采用渗透方式,在区域环境的每一个角落贴标签,提醒幼儿遵守活动规则。比如教师在"娃娃家"入口处的地板上贴上几双小鞋印,鞋跟朝向"娃娃家"的地方(因幼儿进区时从容,出区时匆忙,这样放鞋方便穿着),而且鞋印画得十分有趣,它提醒幼儿当你的鞋放成和地面的鞋印一样时,左右脚便不会穿错。这样,"鞋印"不仅是"娃娃家"人数满额的标志,同时又成了训练儿童生活技能的"无言之师"。

最后,我们还可以把有关操作材料的使用和收拾的规则融入环境的提示中,这种做法效果非常好。具体来说，就是在每个区中，教师在每个学具盒和柜子上贴上相应的标记，这样不用老师说，幼儿自然明白在收拾玩具材料的过程中，把不同区域的材料正确归类摆放。比如"剪刀"的标志表示剪刀应该放在这个位置上，"小鱼的筐子"表示这是小鱼的家，"几何图形"的标志表示几何图形应放在这个位置。这样幼儿在收拾玩具材料时还可以渗透对应、分类学习，同时养成"物归原处"的好习惯（如图 2-23 所示）。

图 2-23　用标志提示幼儿"物归原处"

第二节　活动区心理环境的创设

　　随着物质生活水平的提高，很多幼儿园都很重视在活动区中对物质环境的创设，而对心理环境的重要性还没有得到足够的重视。由于区域活动中的心理环境对孩子的个性品质、情绪情感、社会性等发展有着举足轻重的作用。因此本章节将与老师们共同探讨关于活动区中心理环境创设的若干问题。

一、心理环境的概念

　　所谓的心理环境（此处特指活动区中的心理环境），是指学前儿童在区域活动中的人际关系、情绪状态和区域活动中的氛围。其中人际关系又包括老师与幼儿、幼儿与幼儿的关系。

　　心理环境和物质环境对心理的影响存在区别，具体来说物质环境对心理的影响是指幼儿园必备的一切物质条件对幼儿心理产生的影响，是"有形的物"对幼儿心理产生的影响；而心理环境是无形的，对幼儿的影响是潜移默化的。

二、构建良好心理环境创设的意义及重要性

（一）构建良好心理环境创设的意义

　　良好的心理环境，有利于形成和谐的人际关系，能使人在不知不觉中受到感染和熏陶，有助于幼儿积极向上、乐观自信品质的培养；不良的心理环境，只会使幼儿感到处处受压抑，导致不良品质的形成，使幼儿情绪低落，形成消极的思想观念和行为习惯。因此，研究幼儿园心理环境的意义就在于有效地掌握影响幼儿的心理和行为的各种环境因素，通过科学的管理方法和手段，利用和控制这些因素，促进幼儿的健康成长，以保证幼儿园教育目标的实现。

（二）构建良好心理环境创设的重要性

1. 心理环境将影响儿童自我意识的形成

幼儿阶段是个体生命历程的第一个重要时期。儿童在1岁左右形成自我意识，由称呼自己为"宝宝"逐渐学会称呼自己为"我"；2至3岁时，可以把自己与其他人加以比较并进行简单的自我评价；4至6岁时，形成了"好的我"、"坏的我"的参照体系。他们能够把自己所做的和别人对他们的期望进行比较。儿童在幼儿阶段形成的自我意识对幼儿阶段甚至一生健康人格的形成具有重要的意义。而儿童的自我发展还不完善，自我评价主要依赖外界，所以幼儿园心理环境会影响儿童自我意识的形成。

2. 心理环境会影响儿童人格的形成

蒙台梭利将儿童喻为"具有吸收力的心智"，这种对周围环境的吸收能力奠定了儿童早期人格形成的基础。幼儿园是幼儿离开家庭的保护而与外面的世界接触的最初环境，这个环境是接纳还是排斥，是压抑还是快乐，是严厉还是宽容，都会影响幼儿早期对这个世界的判断，形成"刻板效应"。"随风潜入夜，润物细无声"的心理环境是儿童能感受和体验到的，不仅影响儿童对幼儿园的态度，而且影响儿童在幼儿园的生活质量，最重要的是影响儿童人格的形成。

3. 心理环境会影响儿童能否奠定稳定的情绪情感

很多幼儿园老师都知道幼儿一开始上幼儿园会出现"分离焦虑"、苦恼、情绪低落、退缩或攻击性强等问题，以往的安全感和依恋都被打破，而新的依恋和安全感没有建立。良好的心理环境，例如教师深切的关爱、包容与接纳等营造的氛围，能够帮助幼儿较快地渡过这一时期，并改变对幼儿园的情绪体验。要让孩子感到安全，就要让他们感觉到有人爱，可以表达自己的想法，可以选择自己的活动，可以和比自己高大的成年人说话而不会被忽视或轻视。所以良好的心理环境能够帮助儿童尽快地走出焦虑期，奠定稳定积极的情绪。

三、活动区心理环境的组成要素

心理环境是影响幼儿活动区学习的一个重要方面，其中的各个因素作为幼儿"无声的引导者"，对幼儿在活动区中的学习起着举足轻重的作用。总结起来，在活动区中，心理环境的组成要素主要有以下几个方面：

（一）教师的儿童观和教育观

儿童观是对儿童总的认识，即各种如何对待儿童观点的总和；教育观是在一定的儿童观的指导下，对儿童的态度和所施行的教育思想，它是在儿童观的基础上产生的。因此，教师的儿童观和教育观决定了活动区心理环境的基调，是心理环境中最基础的要素。

（二）幼儿之间的同伴关系

同伴关系对于每个人来说都是不可或缺的社会关系，每个人都不可能脱离同伴而单独存在于世，对于幼儿来说也是如此。幼儿间同伴关系的好坏，影响幼儿社会性和情绪情感的发展，是创设幼儿园心理环境的重要内容。

（三）老师与幼儿间的关系

幼儿在幼儿园中最信任和依赖的就是老师。在孩子的眼中，老师就是无所不能的权威，老师的威信是父母和社会其他成员无法比拟的。老师是孩子生活学习环境中具有重要影响的人之一，对孩子的心理成长有很重要的影响。因此，幼儿园中的师幼关系将影响到心理环境的创设，是心理环境的又一重要内容。

（四）活动区中的活动氛围

活动氛围对幼儿学习积极性、学习态度有明显的影响。在活动区中，孩子能否积极主动地进行操作，与老师所建立的活动氛围有很大的关系。

四、活动区中如何创设良好的心理环境

相对于成人来说，幼儿因年龄小、心理发展尚不成熟，开展活动和进行思考的独立性较弱，还不具备像成人那样对环境的辨别能力和改造能力，因此受特定环境的影响更大。良好的心理环境对幼儿的情绪、情感、社会性以及个性品质的发展具有十分重要的作用，对幼儿的行为产生积极的影响。

良好的心理环境对幼儿的身心健康发展如此重要，那么在活动区应该如何创设一个安全、温馨、自由、开放的心理环境呢？我园经过一代又一代的探索，总结出以下经验：

（一）树立正确的儿童观和教育观

树立正确的儿童观和教育观，就是要对幼儿有真挚的爱，与幼儿有良好的沟通，知道幼儿的需要和想法，并让幼儿理解老师的要求及标准，让幼儿在老师的正确指导下，高标准严要求地成长。

教师要热爱、尊重并了解幼儿。每个幼儿都是一个独立的个体。教师热爱幼儿是幼儿教师热爱教育事业的直接体现，是教育的灵魂，是教师对幼儿进行教育的基础。这种爱是有原则的、公正的、有理智的和有分寸的。在幼儿园里，确实有一些孩子，他们淘气、不听话、破坏纪律、成绩不良等。对于这些孩子，教师更需要格外关心和帮助。可是，有些教师只喜欢个别孩子，而表现一般的孩子只能"广种薄收"，甚至有些孩子被认为是"朽木不可雕也"。这是一种非常可怕的偏见，这种偏见说明这样的教师还没有树立正确的儿童观。持有这种偏见的教师，不仅影响其工作情绪，而且人为地造成了"幸运儿"和"不幸儿"，形成少数与多数的隔阂、分化

和对立。其后果就在于丧失了幼儿发展的最佳环境。

因此,在活动区指导时,教师要深入了解每个幼儿,不带任何偏见地对待每个幼儿。如在我园第一次分区中,教师要耐心细致地观察、了解孩子的操作过程,观察时不能单纯地判断对与错,而是需要了解为什么错。如果是孩子本身的认知水平不足,则需要耐心指导,及时调整学具的难度和目标,而不能简单暴力地教给孩子正确的答案,更不能贴上蠢的标签;如果是孩子分心而产生的错误,老师也要及时提醒。

例如对于中班数学区中的点数及数量对应学具,全班孩子都已经很好地完成了,但有一名孩子由于自身能力问题,一直不能很好地完成。我们老师并没有因此就带着有色眼镜去看待这个孩子,而是把这套学具一直保留着,不但在分区时指导,还利用平时的空闲时间帮这位孩子巩固知识。在学期的最后,虽然这位孩子还不能与其他小朋友一样很熟练地操作,但已经比以前有了很大的进步。这说明老师要以真诚和关怀的态度去对待每一个幼儿,不能因为有的孩子不能按要求操作学具就感到不耐烦,也不能因为有的孩子聪明、讨人喜欢就特别关照,要做到一视同仁。

(二) 构建平等和谐的师幼关系

1. 尊重幼儿的主体地位

在传统的教育观念中,教师往往将自己定位为幼儿的教育者、管理者和保护者,从而将幼儿置于被教育、被管理以及被保护的地位。

而活动区课程的特点就是幼儿高度自主自由,老师并不像传统课程中那样占据主导,老师在活动区中更多地是一个观察者、引导者。在活动区中,老师不能只是简单地告诉幼儿怎么做,而是应该引导孩子如何进行思考。如在大班数学区中,一套分解组成的学具,孩子在操作的过程中出现困难,这时老师有两种选择,一种是直接告诉孩子5可以分成1和4、2和3等等;另一种是慢慢地引导孩子,通过操作学具的图形部分。"5个汉堡包可以分给男孩子几个? 女孩子呢?"通过这样具体形象的引导及学具排列规律的探讨,让幼儿慢慢理解10以内数的分解组成。

这两种方法,明显是后者更能体现幼儿的主体地位。因此老师在活动区指导时,要把握好指导的分寸,让幼儿充分理解和思考之后,再加以适当的引导,切忌过多的帮助和干涉。

2. 重视幼儿的情感需要

孩子不是灌输知识的容器,而是具有情感需要与情感体验的人。教师在与幼儿互动时常常更关注知识与技能的传授,而忽视幼儿情感表达与情感需求。这就意味着幼儿与教师之间更多地是教育者与被教育者之间的事务性的关系,而不是以情感为纽带的情感性关系。幼儿与教师之间的关系有时如同幼儿与父母之间的情感依恋型关系,在某种程度上,幼儿对教师的依恋与他们对父母的依恋一样,也是以情感为纽带的。

由于我园是广州市为数不多还保留有全托的幼儿园,因此我园的活动区特别注重孩子的情感需要。我园的每一位教师,都会利用园内较多的面积去创设"娃娃家"的环境。在第二次分区中,老师不仅会指导孩子进行"娃娃家"的游戏,而且还亲身参与到游戏中。特别是在小班全托的"娃娃家",老师经常会以妈妈的身份加入到游戏中。这样不但让孩子减少分离焦虑,同时能够更好地培养师生间的信任和依恋。

教师在指导幼儿的行为中要表现出积极赞许、喜爱、鼓励的正面情感,减少不满、厌恶甚至恼怒、愤恨的情感。如在活动区结束后的归纳总结活动中,老师会对孩子在分区中的表现进行点评。在点评的时候,老师需要多用积极的赞扬的语言去鼓励孩子;指出孩子不足的时候,也应该注意语气,切忌带有厌恶的情绪。教师指出不足时,也应该指出具体行为。如一个小朋友在分区时,精神不够集中,老师点评时,不应只是简单地说:"XXX,你刚刚很调皮很坏,没有认真操作!"而应该心平气和地说:"XXX小朋友,你刚刚在操作的时候,经常看着门外,老师觉得分区的时候你这么做,你可能就不能掌握学具的知识了,希望以后要注意。"我们在指导时,要多采用第二种的说法。这样的行为方式对于弱小而又处于他律阶段的幼儿来说,能满足他们最基本的社会心理需要,而且在某种程度上能给予幼儿被爱感、安全感、被信任感与自尊感,有利于他们健康人格的发展。

(三)构建自由愉悦的同伴关系

1. 给幼儿创设自由交往的机会

人际关系是在交往过程中形成的,幼儿的同伴关系也必须通过经常性的交往才能形成并发展。幼儿园要向幼儿提供有利于交往的实物环境和丰富多彩的情境环境。

在我园的区域活动中,上午8点15分到8点45分这段时间会有一个自由交友活动。在这段时间中,全园的老师和小朋友会拿着垫子和自己喜欢的玩具,打破班界,到操场自由玩耍。在自由交友区中,孩子能够自由地和其他班的哥哥姐姐或者弟弟妹妹一起分享玩具,分享自己的所见所闻。在这个区域中,老师不会限制小朋友,而且会参与到其中,成为孩子真正的朋友。

自由交友区是最受孩子欢迎的区域之一,孩子在其中不但能够得到快乐,还能发展各种交友的技能,构建融洽的同伴关系。

2. 培养幼儿的亲社会行为

亲社会行为是幼儿建立同伴关系的保障,合作、共享、谦让、同情、助人、宽容、抚慰等都是亲社会行为。亲社会行为可以使幼儿之间的交往更顺畅、更频繁、更密切,从而为幼儿人际关系的构建打下良好的基础。

我园的全托班,晚上 6 点半至 7 点会开设混龄区。在混龄区,大班的哥哥姐姐和中小班的弟弟妹妹一起活动。有时会让哥哥姐姐教弟弟妹妹做一些如叠衣服之类的生活小事,有时又会让弟弟妹妹帮哥哥姐姐一起收拾课室。在这个区域中,能让哥哥姐姐懂得爱护弟弟妹妹,又能让弟弟妹妹学会尊重哥哥姐姐,以他们为榜样。这让他们懂得相亲相爱和谦让助人,亲社会行为得到发展。

3. 培养幼儿人际交往的技能

恰当地运用礼貌用语、面部表情、手势体态等人际交往技能可以使幼儿增强自信心,增加交友的机会,成为受人欢迎的人。许多幼儿在交往中表现出不恰当的交往行为,往往不是故意的,而是缺乏相应的技能。这些技能可以通过情境表演的形式让幼儿参与练习,也可在幼儿一日生活中通过教师传授或通过在幼儿与他人的交往过程中给予及时指导而习得。要让幼儿学会用言语或体态恰当地表达自己的意愿,从而达到顺利与人沟通的效果。

在我园的语言区活动中,除了传统的学具之外,还会设置角色扮演活动。老师会提供道具和背景板,让孩子扮演故事中的各个角色。在扮演活动中,老师不会预先分配好幼儿的角色,需要幼儿自己商量和协调。这样的做法,不但能让孩子在扮演故事中提高语言表达能力,还能更好地提升孩子在交往过程中的技能。

(四)建立良好的活动区氛围

在活动区中,教师要为幼儿创造良好的活动区气氛,调动幼儿的学习积极性。在活动区中,教师要调动幼儿主动操作学具的热情,就要真正建立起良好的活动区气氛,即在老师的观察、引导中,充分调动幼儿操作学具的积极性,发挥幼儿的主体作用,使幼儿真正成为学习的主人,让他们动手、动脑、动口,调动多种感官参与活动。良好的气氛能唤起幼儿的注意力和学习兴趣,使幼儿得到一种愉快、成功的体验,并保持一种积极的学习心态;反之,会使幼儿产生倦怠、烦闷和冷漠之感,久而久之,幼儿会产生厌学情绪。而要真正调动幼儿的学习积极性,必须要有一个宽松自如的环境和民主和谐的气氛。这就要求教师不要呵斥、指责幼儿。因为,虽然幼儿年龄小,但也有较强的自尊心,他们不喜欢老师"赤裸裸"、直截了当、当众揭短的教育方式,他们更喜欢教师承认并鼓励他们。在这样的活动中,幼儿不是紧张、恐惧、对抗和压抑,而是轻松、愉快、情绪饱满地学习。所以,宽松和谐的教育气氛是幼儿学习知识、开发智力的前提。

第三节　室内及周边环境结合课程的规划

我们创设的活动区所追求的并不是一种即时效果,而是为幼儿发展提供适宜的环境和条件。在这一环境中,幼儿能进行选择并对这些选择采取相应的行动。教室内可分成若干个明确的活动区,每个活动区的材料分类放置,并贴上标记,这样能使幼儿独立自主地活动,并能最大限度地灵活调整教室环境。

一、在有限的空间环境内设计区域布局

(一) 空间的划分和利用

活动区域划分科学、合理,有利于形成一种和谐、宁静的学习氛围。因为区域活动是幼儿个别化的活动,在活动中幼儿都各自进行着自己的操作,而区域划分和布局的不合理,会导致幼儿间互相影响和干扰,同样也可能限制孩子间的交流和合作。一方面,要根据教育目标和内容划分出相应区域,在有限的空间环境内充分利用各种学具柜、大箱子、地板胶、桌子、椅子等,进行空间的立体改造。在这过程中,要注重环境设计思路的开发:能变——把阳台变为活动区角;能抠——挖掘走廊、厅道、教室角落创设区角;能动——创设固定与动态相结合的区角场地;能合——班级之间能共同进行区角合并,如合班分区,共用语言扮演区等;能换——把室内环境和室外环境根据活动需要灵活转换。另一方面,要注意常设区域和调节区域的划分和设置,利用带轮子的柜子等进行空间的快速转换和布局,不要墨守成规地划几个"框框"把区域场地圈起来。

(二) 区域的数量

区域活动因各区的活动目标、活动内容、活动特点、活动形式等各不相同,在确定区域的数量时应根据实际情况进行有目的的选择。不是区域数量多而全就是最好的,而应该按照课程目标设置和幼儿活动需求确定区域数量,每次活动的区域数量不要超过 7 个。同时,区域数量的设定不是一成不变的,可以根据区域的活动目标把区域划分在不同的活动时间段内,也就是说,在一日生活中,各区域活动可以并列进行,也可以单独进行,不同的区域在幼儿一日生活中不断地进行空间转换。这样既可以使各种活动区都得到充分利用,也保证了幼儿在各区内活动的时间和质量。如语言区、数学区、美容区等学习内容比较强而又相对较安静的区域,其他需要幼儿高度专注学习的区域可以放在同一个活动时间段内,安排在幼儿注意力比较集中的时段进行;建构区、木工区、音乐区、益智区、角色扮演区、科学区、阅读区等以游戏娱乐为主的区域,可以在幼儿活动能力最开放的时段同时进行;运动

区、烹饪区、戏水区、社会区、生活区等由于需要活动场地的提供和保障,可以单独进行,穿插在其他区域中交替轮换。

(三) 区域的调整

区域活动应具有灵活的调整性和转换性,能根据幼儿的学习需要和课程目标进行相应的调整,而不是"大而全"的一成不变。

1. 根据年龄水平的调整

幼儿在小中大班各年龄阶段里,不同的年龄发展水平对学习活动有不同的要求。因此,区域活动也应根据幼儿的年龄水平发展进行相应的调整。如小班幼儿感知事物的经验少,动手能力较弱,合作意识差。因此,活动区的数量设置不适宜太多,在刚开始进入区域活动学习时,也不应一下把所有区域铺开。着重在语言区、数学区、美工区、角色扮演区等入手,更能让幼儿了解区域活动的学习规则;中班幼儿已有了感知事物的初步经验,基本能够独立自主地进行区域活动,区域数量要适当增加,以充分满足幼儿的好奇心和认知兴趣,可增设木工区、科学区等;大班幼儿的语言表达、动手操作和逻辑思维等能力有了较大提高,既要大量增设活动区角,又要适当增加难度,可增设棋类区、陶泥区等。

2. 根据课程目标的调整

幼儿的学习形态和活动方式多种多样,各活动区域可以配合当前阶段的课程目标进行相应的调整,可增加相应的区域,或投入、添加相应的材料、学具。如在开展有关蚕虫生长的活动里,可以相应地增设饲养区,在区内投放有关蚕虫饲养的器材、物品、饲料以及相关的资料、生长观察记录等,让幼儿在区内的活动中,更直观、生动地了解有关蚕虫的各种知识。因此,活动区的创设应紧密结合课程内容和目标,灵活地根据教学目标进行调整,把创设区域环境的过程变成教育教学的过程。

3. 根据活动形式的调整

区域活动可以贯穿在幼儿园的一日活动中,以不同的活动组织形式展开。因此,教师要以知识领域为划分,打破空间的局限,打破组织形式的局限,根据活动内容的不同,灵活转变各种组织形式,如采用个体、小组、集体等形式。也就是说,区域活动环境的创设要根据活动形式的变化而作相应的调整,最大限度地利用空间资源满足区域活动的展开,实现环境教育价值的最大化。

4. 根据活动空间的调整

活动区课程不断地引入新理念,在教育手段和方式上也不断完善,挖掘和运用资源知识,来达成我们的教育目的。一方面是空间上的转变。师幼可根据活动进行的需求把室内的空间和室外的空间结合起来,不但能使环境立体化,增加幼儿与环境互动的机会,而且能让幼儿和教师在共同参与活动时更灵活。另一方面是由单一活动到一日活动延伸的转变。全新的思路让我们在实施教育的过程中学会多维思考,学会寻找贴近生活、符合幼儿特点的教育方式开展活动,不再以知识点为重的单个活动,而是跨领域的一日生活的延伸,活动区在空间和时间上的转变和延伸,实现活动区教育的综合性和可持续发展。

(四) 合理进行动静区域、干湿区域的划分

在创设活动区时,不但要考虑区域设置的数量和种类,还要针对各个区域的性质,根据教室内的场地实际情况,尽量把性质相似的活动区安排在一起,以免相互干扰。如动态区域与静态区域的相容性、干湿区域布局的合理性等都需要仔细思考。美国学者布朗把活动区的性质描述为静态、动态、用水、不用水等特性,并大致把活动区分为以下四大类:第一类是静态、用水,包括自然区、手工区、美工区等;第二类是动态、用水,包括科学区、玩沙区、玩水区等;第三类是静态、不用水,包括阅读区、数学区、语言区等;第四类是动态、不用水,包括音乐区、角色扮演区、建构区、益智区等。因此教师应尽量把性质相类似的活动区放在相邻的位置,或在不同时间段内重叠的位置,使活动区域的整体布局划分更合理、科学。具体来说应该做到下列几点:

有一些活动区域需要比较安静的环境进行思考,而有些区域相对来说比较嘈杂,所以需要将二者分开布置,否则两个区域的幼儿在活动中可能彼此干扰。比如数学区需要幼儿安静并专注地思考和操作,而语言区因为幼儿需要在区内和同伴讲故事、扮演故事角色等等,所以相对比较嘈杂。因此,这两个区域通常我们会分开布置,数学区我们一般布置在室内,语言区一般放置在课室外面的走廊。

有些活动区域需要水源,比如美工区需要靠近水源的地方,以方便幼儿画画时取水、清洁方便;又比如科学区进行一些小实验也需要用到水的。这些区域,我们都可以放在靠近清洁室的位置。

二、活动区域创设的互动性

由于学习活动知识的整合性发展,各活动区域既独立存在又相互联系,因此在创设活动区的过程中要注意各活动区之间的互动学习,使这些区域形成既独立又相互联系的区域整体,从而让在区内学习的幼儿能在区域间的互动活动中,重新整合、迁移相关的知识经验,促进自主学习的发展。如角色扮演区可以与音乐区临近设置,幼儿在角色扮演区内扮演妈妈角色的同时,可以延伸相关音乐表演经验,自主设计扮演情节"妈妈去卡拉 OK 玩乐",到隔壁的音乐区进行歌唱表演;又如科学区内幼儿动手设计制作的"过滤器"可以马上到玩水区、玩沙区等进行实验检验,从而不断发现问题、解决问题,最后使"过滤器"的制作获得成功。在这一过程中,幼儿不但能更清晰地体验到科学实验的严谨性和科学性,又对沙水活动有了更新

的体验。因此,活动区域间的互动性非常重要,教师必须在创设区域环境中把握好区域间互动学习的关键点,才能使区域活动丰富起来,产生1+1大于2的教育效果。

第四节 活动区区域设置实例

一、常规活动区区域设置实例

(一) 语言区装备和布置

1. 区域特点

① 语言区的活动是要让幼儿通过与学具或者同伴的互动,让幼儿相互交流已经获得的语言,获得新的语用经验。

② 区内需要活跃交流的氛围。

2. 材料装置

材料装置可以分开两部分放置,一部分是可以由幼儿自由取放学具,它们可以集中放到一至两个柜子里,而这些柜子既可以放置学具,又可以根据需要进行领域的划分;另一部分是幼儿自由组合的戏剧扮演活动,教师可以把它设置在语言区的一个角落里,既保持其独立性,防止声音过大妨碍其他活动的进行,同时又能让教师随时可以看到幼儿的活动情况(如图2-24、图2-25所示)。

图 2-24 语言区里的情景扮演

图 2-25 根据幼儿生活经验设计的学具

3. 学具放置

① 学具的数量最好是人数的两倍,这样幼儿就能更好地自由轮换学具,完成任务。

② 由教师根据幼儿最近发展的水平和年龄特点、兴趣需求设计不同的学具,并根据情况及时更换学具,以保证幼儿参与活动的积极性。

（二）数学区装备和布置

1. 区域特点

① 为幼儿系统地提供有关数学知识的游戏操作活动，让他们在游戏的过程中积极主动地与实物、玩具材料、同伴和教师发生相互作用，使他们在动手动脑的实际操作中激发学习数学的兴趣，促进幼儿思维的发展。

② 该区域需要幼儿认真思考，因此需要安静的区域环境。

2. 材料装置

① 因为该区是需要安静思考的地方，所以建议把数学区设置在课室的一角，区内的环境布置应错落有致，以保证每个位置的相对独立（如图 2-26 所示）。

图 2-26　区内的环境适宜，错落有致

② 每一个相对独立的位置可以用椅子的数量、地垫的大小、地台前小脚印的数量暗示性地分割，控制进入该空间的人数，又可以让幼儿选择不同的活动空间，如趴在地板胶上进行点数，或坐在桌子旁进行分类等（如图 2-27 所示）。

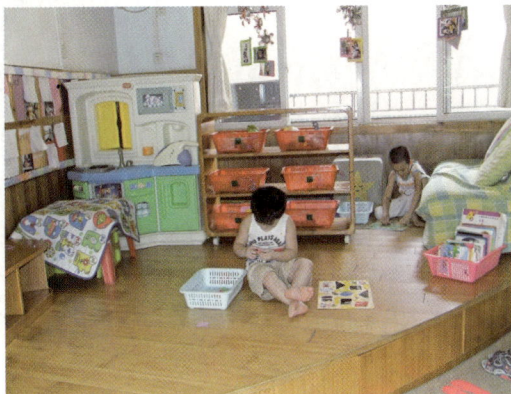

图 2-27　暗示性地分割，控制进入的人数

③ 区内的柜子尽量采用低矮式,这样既能分割区域,又能保证幼儿自由取放材料,提高幼儿参与活动的自主性。

3. 学具放置

① 学具投放的数量最好是人数的两倍。

② 学具由教师根据幼儿最近发展的水平和年龄特点、兴趣需求设计,相同的知识点在不同的学具中滚动出现,让幼儿更好地理解、巩固及运用。

(三) 美工区装备和布置

1. 区域特点

① 该区域是让幼儿运用颜色、蜡笔、橡皮泥、浆糊、纸张、剪刀、盒子和线表达出他们曾经做过、看过和想象的东西。

② 幼儿学习如何使材料发生变化,并观察这种变化,通过拼接、拆分、排列、组装和转换美工材料来获取相关经验。

2. 材料装置

① 美工区需要许多可提供活动的平台。如一块平整的地面、一张低矮、宽大和坚实的桌子,这些平台提供了幼儿自由选择的活动地点(如图 2-28 所示)。

② 美工区还需要提供可供孩子感受艺术氛围的装置,如设计一棵挂在柜子的背部、顶端或墙上的树。高度可根据幼儿的身高进行调节,把孩子的作品挂在上面,方便幼儿自己取放作品,不但使整个美工区充满美感,而且对幼儿起到潜移默化的作用(如图 2-29 所示)。

图 2-28 美工区空间的合理规划更能让
幼儿自由自主地进行创作

图 2-29 美工区作品展
示成为亮点

③ 美工区内还要放置各种材料收集箱和工具箱,材料和工具要分门别类放置在开放式的柜子里,并在每一种材料或工具的容器外放上该材料的样品或图片,方便幼儿更容易找到和送还他们的材料(如图2-30所示)。

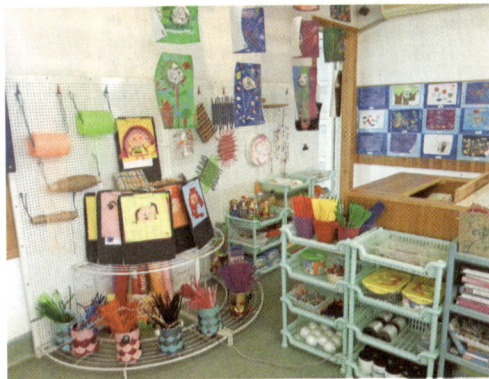

图2-30 美工区摆放各种材料激发幼儿的
灵感

3. 学具放置

每一阶段逐步添加美工区的材料,这样有利于幼儿学习如何使用和保管这些材料。保证一些消耗性材料的供应,定期检查和补充胶水、胶带、颜料、纸张等材料。

(四) 音乐区装备和布置

1. 区域特点

① 音乐区的活动给幼儿提供一个体验节奏和练习音乐技能,并从中获取乐趣的机会,这些技能为之后更加复杂的音乐和节奏表现活动奠定基础。

② 幼儿可以开展独唱、小合唱、自编节奏、乐曲或随着音乐作律动的活动。通过对音色和动作的探究和比较获取音乐经验,同时幼儿还能够经常性地接触到如“快”、“慢”、“首先”、“下一个”等概念,这为他们理解这些概念做好了铺垫。

2. 材料装置

这个区需要提供幼儿扮演和舞蹈活动的空间,以满足他们自由表现的需求。

3. 学具放置

① 一个安全的、贴有标记的用来存放乐器、扮演头饰、衣服且带有镜子的柜子。

② 各种乐器、扮演用的头饰和衣服、各种音乐带子和常用的录音机。

③ 可以根据幼儿的年龄特点把录音机的操作方法和音乐内容设计成图画,让

幼儿学会自主操作(如图 2-31 所示)。

图 2-31　音乐区中带镜子的装满各类扮演衣饰和乐器的柜子

(五) 木工区装备和布置

1. 区域特点

① 幼儿在这里能运用木料、钉子等工具自主制作自己想要的木制品或者其他立体作品。

② 幼儿在这里可以尝试用颜料给物品上色,也可以把这些作品拿到其他活动区或"娃娃家"里当道具使用。

2. 材料装置

① 要有一个能放置并展示工具和材料的柜子,工具和材料的开放功能能让幼儿一眼就找到自己需要的工具或材料,提高活动的效能。

② 教师要根据空间的大小严格控制入区人数,因为幼儿使用的都是真实的工具,只有足够大的空间才能减少意外的发生(如图 2-32 所示)。

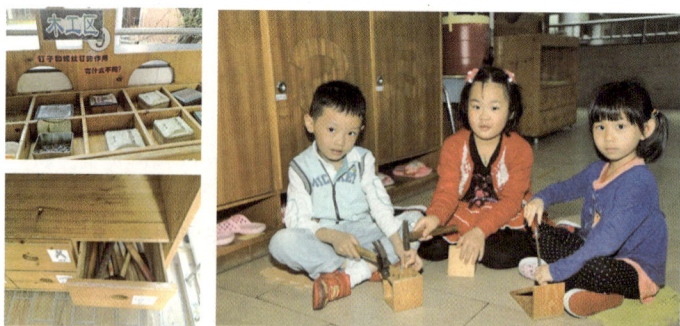

图 2-32　木工区贴有标志和使用方法的工具,便于幼儿更有目的地选择

3. 学具放置

在准备木工区的工具和材料时要保证与人数相符的数量，这样幼儿就不必等别人用完才能用了。

（六）建构区装备和布置

1. 区域特点

幼儿通过操作积木、建造物品的方式来获取各种不同的经验。

2. 材料装置

① 像其他区一样，各种建构材料装在有轮子的柜子里，这样就能让幼儿自由地把柜子推到自己喜欢的一角进行游戏，又能和其他区的同伴保持联系，丰富游戏内容。

② 区内还要有平整的地毯和不同高矮的箱子、罐子。地毯可以降低积木游戏的噪音，箱子和罐子既能做围闭的材料又可以作为建构的材料进行使用。

3. 学具放置

① 区内的材料应放置在幼儿容易看到和取到的地方。

② 区内材料要分类堆放，并贴上标志。

③ 材料可以是废旧品，还可以是用来建造、拼拆、注满和倒空的物品、动物的模型、各种物品的小模型，增加活动的趣味性（如图 2-33 所示）。

（七）扮演区装备和布置

1. 区域特点

① 幼儿可以在扮演区扮演各种社会角色。

② 扮演区给幼儿提供了一个与他人相处、丰富自我情感和思想表达、语言交流、角色认识以及对他人需求做出反应的机会。

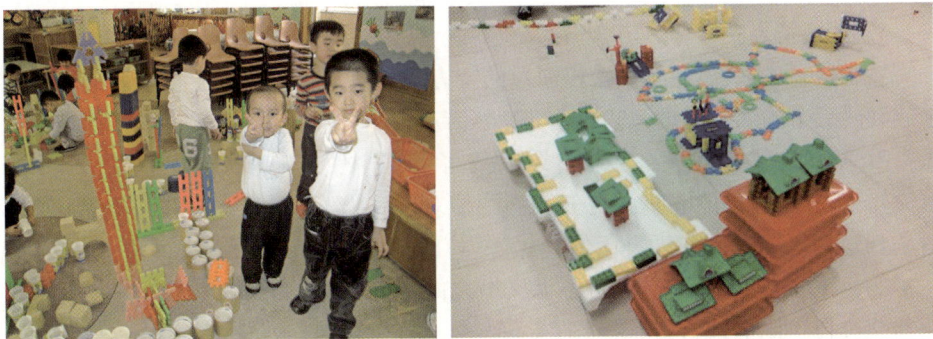

图 2-33　废旧材料增加幼儿灵活创造的机会

2. 材料装置

① 在扮演区可以放置一些微型的家具或道具,增加游戏的真实性和趣味性,如能给娃娃睡觉的小床、医生的用品等(如图 2-34 所示)。

图 2-34　娃娃家与邻近的区域相结合,
使扮演游戏更丰富

② 扮演区还可以留出一部分空间,让幼儿自由发挥,如 A 小朋友会把这个地方想象成家中的客厅,轮到 B 小朋友玩的时候,他又会根据游戏的需要把这个地方变成医院的诊室、小卖部等。

3. 学具放置

① 区内的材料应放置在幼儿容易看到和取到的地方。

② 区内材料要分类堆放,并贴上标志。

③ 材料可以是废旧品(饮料罐、饼盒等),还要准备贴上标志的箱子和抽屉用来放置衣物,增加活动的趣味性。

(八) 益智区装备和布置

1. 区域特点

益智区自主性强,它是一个以简单的智力游戏为主的区域。在益智区中,幼儿单独或和两三个同伴一起玩一些简单的竞赛游戏,有时他们也会自己创作一些游戏。

2. 材料装置

① 益智区尽可能安排在比较安静的位置,同时也可以允许幼儿将益智区的材料拿到建构区或者扮演区灵活使用。

② 可以选择矮柜子或者帘子做区域之间的间隔,区内可以放置桌椅、地毯,方便幼儿选择不同的地方进行操作。

3. 学具放置

① 该区备有拼图、小型操作游戏的材料。

② 为方便幼儿玩拼图或其他游戏,可以配备一些托盘,让幼儿在上面拼砌。

③ 学具可以设置练习体力和智力的游戏。如拼图、棋类、穿珠等(如图2-35所示)。

图2-35　益智区的各类学具

(九) 阅读区装备和布置

1. 区域特点

这是一个能让幼儿舒服、自由、愉悦地享受阅读活动的地方,因而该区域需要一个安静的环境(如图2-36所示)。

2. 材料装置

① 有坚固、低矮的图书架,方便幼儿自由取放图书(如图2-37所示)。

图2-36　阅读区远离其他活动区,能减少干扰

图2-37　有坚固、低矮的图书架,既可当桌子又可当书架,方便幼儿取放、阅读

② 在阅读区四周可以布置一些抱枕、布袋椅、大小不一的布绒玩具等,布置的环境要尽量温馨、安静。让幼儿在放松、舒适的环境中享受阅读的乐趣。

3. 学具放置

① 按幼儿的年龄特点放置合适的书籍。如小班放一些画面大、色彩鲜艳、不

易撕破的书籍。

② 书籍尽量安排一部分平放展示,方便幼儿了解书的内容,每本书都贴上相应的标志,方便幼儿进行取放。

（十）科学区装备和布置

1. 区域特点

幼儿在这里能通过对各种材料的触摸和操作,了解和发现各种材料的质地和特征。在探索过程中对出现的问题进行猜想、验证和解决,还能学习饲养、浇水,照料有生命的东西。

2. 材料装置

① 科学区可以安排在靠近木工区的地方,这样能方便幼儿取不同工具进行活动。

② 在这里可以放置一个有架子的柜子,架子上摆放工具,柜面可以作为平台,方便幼儿随手拿起工具或材料进行实验或游戏。

③ 柜子上或周围可以种植一些小盆栽和饲养小动物(金鱼、奎鼠等),确保食物和动物放在一起,盆栽和浇水的器皿或营养土等放在一起,便于幼儿取用(如图2-38所示)。

图2-38　科学区有幼儿亲自照顾的各种小动物和植物,幼儿会把自己收集的资料和所见所闻进行记录并和大家分享

3. 学具放置

① 任何的废旧物都可以收集起来作为工具使用,但一定要分门别类放置,用篮子装好,贴上标志,让幼儿有序取用和收拾(如图2-39所示)。

图 2-39　各种工具和器材方便幼儿进行各类种植的尝试或实验

② 材料也是日常生活中常见的物品(电珠、放大镜、电池、磁铁等,还要准备擦布、旧报纸之类的),让幼儿了解实验是从日常生活出发的。

③ 可以根据幼儿的兴趣,出示一些简单的提示卡,让幼儿尝试做实验,并和同伴、教师分享自己的发现。

④ 教师可以鼓励幼儿每周收集一样自己觉得很有趣的物品放到区内一个固定的盒子里,激发幼儿对材料的探索。

(十一) 沙区装备和布置

1. 区域特点

① 沙区一般设置在幼儿园班级活动室之外,沙池一定要靠近水源,以便幼儿用水玩沙,用沙玩水,进行干沙与湿沙的比较和滤沙与滤水的转换,从而获得多种发现。

② 沙池面积要足够大,以便每个幼儿都能获得玩沙的机会。

2. 材料装置

① 该区可安排靠近戏水区的地方,方便幼儿因需要进行实验活动。

② 在该区可以放置一个架子,架子上摆放工具,包括各种材质的挖沙工具、承物器皿,方便幼儿自由操作。

③ 该区还需安装水龙头、水管,这样能让幼儿体验不同湿度的沙子的特点,自由选择放水的量,或满足幼儿其他想法的实现。

④ 在该区的一角可放置不同材质的辅助物品,如各种石头、木头等。

⑤ 还可以营造一个天然的私密空间,如一个大的水泥管子,供幼儿进行选择。

3. 学具放置

① 玩沙的工具包括挖掘类、过滤类、器皿类、建构类、形象类,让幼儿在挖沟、堆山、造路的过程中,或者在挖掘和装运沙土的活动中,都可以比较干沙和湿沙的

特点(如图 2-40 所示)。

图 2-40　各种工具和器材方便幼儿进行各种尝试或实验

② 任何的废旧物都可以收集作为活动的辅助材料进行使用,但一定要分门别类放置,用篮子装好,贴上标志,让幼儿有序取用和收拾。

③ 工具也可以利用日常生活中的废旧材料进行改造,如饮料罐可以改装成铲子和小桶,也可以改装成沙漏,让幼儿了解到不同的辅助材料能使玩沙活动更加有趣。

二、功能室活动区设置实例

(一)棋艺室装备和布置

棋类游戏是深受幼儿喜爱的活动之一,不仅能全面发展孩子的智商、情商,同时对幼儿耐心、细心、自信心的培养都有很好的促进作用。我们不仅在班级的活动区里开展棋艺活动,并以此为中心建立棋艺室,打破原有的格局,把以棋艺为主的活动区从班级延伸到全园性的活动范围,使幼儿有更立体丰富的环境,深入探索棋艺文化和游戏规则。

1. 区域特点

在这里可以根据幼儿的年龄特点和兴趣热点,让幼儿接触五子棋、跳棋、飞行棋、象棋、围棋等棋类,还可以鼓励幼儿根据自己的兴趣进行自由选择,从而激发幼儿参与棋类游戏的积极性。

2. 材料装置

① 针对棋类游戏的特点,通过琴、棋、书、画、建筑设计等环境创设(如加入趟门、满洲窗、骑楼式的小阁楼,体现广府文化),营造中国传统文化氛围,熏陶孩子们的情操,使孩子置身棋艺室,感受中国风或地方特点。

② 利用原有的设计把整体空间划分成具有不同特点的区间,例如阁楼、屏风

隔成的小空间、用于小组活动的小平台，可以让幼儿根据自己活动的需要选择不同的活动场室（如图 2 - 41 所示）。

图 2 - 41　用屏风、阁楼、地台间隔出不同区域，方便师生根据活动的需要进行选择

③ 有坚固、低矮的棋盘桌，固定在桌边一侧的棋架，方便幼儿自由取放不同的棋类。

④ 在平台区四周可以布置一些矮桌和蒲团等，营造温馨、舒适、安静的氛围。活动室四周可以增添一些植物资料和棋类规则，让喜欢的幼儿进行观摩和学习。

3. 学具放置

① 按幼儿的年龄特点放置不同的棋类。如小班放一些以飞机做形象的飞行棋，配上一张如地毯大小的棋图，让幼儿在平台上玩，增强游戏性。

② 棋类尽量安排一部分放在桌边的棋架上，一部分放在其他的活动柜上，都贴上相应的标志，方便幼儿进行取放。

（二）音乐室装备和布置

音乐室作为音乐区的空间是有限的，我们利用落地玻璃把室内的音乐区无限延伸至室外的音乐广场；走廊音乐琴键、音乐管道的设计体现了音乐元素、游戏元素和神秘元素，丰富了音乐区的内容，让孩子在玩中学。

1. 区域特点

① 音乐室的活动不仅给幼儿提供一个体验节奏及各种音乐技能的机会，而且还可以让幼儿有机会体验到团队表演（如合唱团的表演）、小组合作表演、观赏音乐表演。

② 幼儿可以在音乐室中观赏到不同地域、现代和传统的乐器，可以自由地进行体验或使用。

2. 材料装置

① 针对音乐室建筑光线不足、空间有限的问题，我们使用落地玻璃把室外的

光线和景色引入室内,再通过相对的镜子墙进行反射,使有限的音乐室空间变成无限的视野。而且在条件允许的情况下在其他墙体也同样采用落地玻璃的设计,让幼儿感受到音乐和自然的融合,激发幼儿用音乐表达感情(如图2-42所示)。

图2-42 用玻璃墙把室外的光线和景色引入室内,除增加光线外,可使有限的音乐室空间变成无限的视野

② 音乐室根据不同的需要划分音乐操作平台,有播放视频音频的仪器供教师操作,幼儿可看到不同的示范性视频或欣赏不同种类的表演方式。

③ 放置乐器的展示平台,每样乐器都要贴上标记,并有序进行摆放,如打击乐、管乐、弦乐等,既能让幼儿观赏又能让幼儿自由取放。

④ 用灯光划分出表演的区域和观赏的区域,供教师幼儿根据需要选择不同用途(如图2-43所示)。

图2-43 用灯光分割出音乐室的不同区域,如表演的区域、集体活动的区域等

3. 学具放置

① 打击乐的各种乐器、扮演用的头饰和衣服、各种音乐带子、视频和实用音像设备。

② 可以根据幼儿的年龄特点把一些乐器的操作方法和音乐内容用图片的方式展示出来，方便幼儿学习和自主操作。

（三）烹饪室装备和布置

幼儿经常会对各种食品产生好奇，关心食品是用什么做的，怎么做出来的。于是，我们为幼儿创设了一个生活性实习区域，集烹饪观赏、食物清洗、面食加工、材料制作、果汁调制等区域于一室，营造了多元的烹饪文化氛围，让幼儿在真实的场景中进行一个个相互关联、层层推进的活动。这些活动来源于幼儿的生活，是幼儿熟悉却又不曾亲身参与的，我们就幼儿的需要为他们提供体验的活动场所。

1. 区域特点

以幼儿的烹饪活动作为活动的场地，必须要有低矮的菜水池、厨具、洁净的调味品瓶子、各式的盛器、儿童餐具、安全的不锈钢（或塑料）刀叉、可爱的儿童用围裙、各种食物的标本……总之，这是一个缩小了的厨房，幼儿可以体验制作各种食物的乐趣及多元的饮食文化。

2. 材料装置

① 烹饪室根据需要用不同的家具形成不同的区间，如水吧、点心间、烹饪示范间、幼儿工作台、洗菜池等，让幼儿根据本次的活动主题选择不同的工作，如烹饪活动"韭菜炒鸡蛋"，幼儿可以选择打鸡蛋、摘韭菜、洗韭菜、切韭菜等不同的工作，让幼儿在不同的区间分担不同工作的同时也能看到同伴的劳动，体验合作完成劳动成果的过程（如图 2-44 至图 2-46 所示）。

图 2-44　烹饪室中的教师操作展示区和幼儿操作区

图2-45　烹饪室中的水吧和点心操作区

图2-46　烹饪室中幼儿操作的洗菜池

② 烹饪室的工具带有一定的危险性，所以在进行工具陈列时，要留意摆放的安全性，防止意外的发生，要教幼儿正确的取放方法，注意烹饪活动的必要常识（如不靠近火源，电插远离水源等），避免意外事故的发生。

3. 学具放置

烹饪室的学具，即烹饪的食材，这些食材依据幼儿的生活兴趣和最近的活动需要进行准备，具有生活性和季节性的特点。例如当赶上元旦节时，教师会组织孩子们一起做汤圆，此时厨房的叔叔阿姨就会根据班级人数在烹饪室准备好适量的糯米粉、豆沙馅、糖等制作汤圆的材料，等老师和孩子们一起来操作。

（四）科艺室装备和布置

科学和艺术是相互促进、相互依赖和相互渗透的，有益于改变身边的生活，使生活变得更美好、更便捷。基于科学与艺术相结合的理念，把科艺室作为一种有特殊功能的活动专用室，集科学探究和艺术创造于一体，装修、材料与设计体现自然、环保、创意。这里是孩子们科学探索的空间、艺术创作的空间，是属于孩子们的大操作间，应区别于班上的科学区和美工区。它是一种扩大了的以幼儿自主学习为中心并把科学和艺术结合起来的活动场所,是一种引导幼儿进行科学艺术发现、探索科学或艺术并获得科学经验或艺术创造经验及能力的场所。

1. 区域特点

科艺室空间较大,材料丰富,能充分满足儿童探索科学现象的需求。

2. 材料装置

① 可以利用各种废旧材料建立一些硬件设施,如桌子、椅子、各种容器、作品陈列架等,有助于幼儿在环境中体会到生活中的物件经过改造是可以便利生活的。

② 科艺室内分为科学区和艺术区两部分,所有工具和材料按科学和艺术活动的需要有序进行放置,可以让幼儿根据需要自由选择工具和材料进行活动(如图2-47所示)。

图2-47　科艺室中相对独立而又互相融合的艺术区和科学区

③ 室内应留出足够的空间让幼儿自由选择,以满足幼儿进行操作的需要。

3. 学具放置

① 科艺室的材料可以是各种废旧材料,如饮料瓶、绳子、珠子、光盘、木板、废旧玩具和书籍等等(如图2-48、图2-49所示)。

图2-48　用各种废旧材料制作出科艺室的家具和收纳器具

图2-49　丰富的废旧材料是科艺室的核心

② 科艺室的工具包括科学探索类的工具,如各种钳子、锤子、放大镜、电池等;美术工具,如各种笔、颜料、胶、画图工具、剪刀等等。两个区间的工具是分开摆放的,但允许幼儿同时使用,用后提示幼儿按类别归位即可。

③ 在科艺室活动的内容、伙伴、材料、玩法等都由幼儿自己选择和决定,所以材料和工具按功能和类别放置,方便幼儿按自己的需要随时找到适合自己的材料和工具。

④ 展示幼儿作品的展示架也应错落有致地摆放,方便幼儿互相欣赏,从同伴的作品中得到启发。

(五)阅读室装备和布置

1. 区域特点

集藏书、阅读、借阅、分享和疏导功能于一体的阅读室,能让幼儿舒服地、自由地享受阅读活动。同时也要挖掘阅读室的其他功能,如亲子阅读、图书借阅等,把活动区空间延伸到家庭中。小阁楼的设计拓展了图书室的空间,体现了环境的层次性和私密性。并利用阅读室的私密空间为幼儿或家长或教师做心理咨询等提供平台(如图2-50、图2-51所示)。

图2-50 不同的间隔

图2-51 挖掘出阅读室的亲子阅读、心理辅导等功能

2. 材料装置

① 有坚固、低矮的图书架,方便幼儿自由取放图书。

② 在阅读区四周可以布置一些抱枕、布袋椅、大小不一的充满童趣的布绒玩具等,营造温馨、舒适、安静的氛围。

③ 各种错落有序的区间使幼儿有相对独立的私密空间,能安静地单独阅读或亲子阅读(如图2-52、图2-53所示)。

图 2-52　充满童趣的书架

图 2-53　错落区域能让幼儿更有
兴致地自由选择自己喜
欢的方式进行阅读活动

3. 学具放置

① 按幼儿的年龄特点放置合适的书籍。如小班放一些画面大、色彩鲜艳、不易撕破的书籍。

② 书籍尽量安排一部分平放展示,方便幼儿了解书的内容,每本书都贴上相应的标志,方便幼儿进行取放。

③ 每本书的书脊都进行编码(不同的图案),让幼儿能自由取放书籍,并能有序地归位。

④ 建立书籍借阅网络,每一本书建立电子档案,幼儿可以通过指纹借阅阅读室的各类图书及了解书籍的内容简介。

三、区域设置案例

当我们开始在一间约 100 平方米适合中班年龄的课室准备设置活动区时,我们需要考虑以下几个问题:

观察	考虑的问题	实施的办法
课室的结构 ● 课室哪个角落是靠近水源的 ● 哪个角落是明亮的 ● 哪个角落是安静的	用什么家具、层架、软材料规划出不同的区域 ● 靠近水源可以做美工区 ● 光线充足又安静的做阅读区	● 家具要求: 1. 用 1 米长不同层数且带轮子的柜子 9 个,做不同区域间隔并放置该区域的学具或玩具(如数学区、语言区、益智区等)

观察	考虑的问题	实施的办法
		2. 多个可视性的、开放式的、带抽屉的、适合幼儿高度的、带轮子的层架或柜子放美工区的材料或工具（柜子和层架的形状不限）
		3. 一个有轮子的、带镜子的、可以挂衣服的,有可以让幼儿自由取放,尝试不同乐器,开放式层和具有收纳功能的小抽屉的柜子作为音乐区主要功能柜
		4. 有一个展示工具又能让幼儿自由取放工具的层架;一个可以收纳各种辅助材料,具有可视性的柜子
		5. 符合幼儿取放材料高度的,有展示每本图书的层架和收纳其他图书功能的柜子作为阅读区的主要柜子
		6. 各种垫子、各种软性材料,如布帘
		7. 与幼儿人数相符的桌子和椅子
有没有阳台、走廊	阳台作为一个区域如何利用起来	● 阳台: 方案一:除考虑安全因素之外,如果是室内阳台可以安装窗户,在阳台的尽头放上书柜子、椅子或者各种垫子做阅读区使用 方案二:如果是室外开放式阳台,可以利用阳台的尽头做探

观察	考虑的问题	实施的办法
		索的科学区，或者是热闹的音乐区 ● 走廊 　灵活运用走廊作为一个区域或某个区域的空间延伸
	● 准备设置的高结构区域有什么 ● 准备设置的低结构区域有什么	● 高结构区域有语言区、数学区、美工区、阅读区 ● 低结构区域有音乐区、建构区、益智区、扮演区等
	● 如何安排才能达到各区域间最佳的开展方案	● 针对高结构和低结构不同区域的特点安排两段时间进行，既能符合幼儿活动动静结合的原则，又能使幼儿利用第二段活动时间（低结构活动）延伸第一段活动（高结构活动），使活动区活动具有可延续性
	● 幼儿拿进区卡进区的位置是否合理，会不会对区内的活动造成影响 ● 集体或小组分享活动区活动心得的地方安排在什么位置	● 幼儿拿进区卡的位置尽量靠近课室大门，可以方便幼儿拿到卡后迅速分散各区活动而不会给区内正在活动的幼儿造成影响 ● 方便教师组织幼儿进行区内活动总结，该活动可放置在课室比较开阔的区域

续　表

观察	考虑的问题	实施的办法
	幼儿的美术作品在什么地方进行展示？如何展示？	● 美术作品可以融入课室的环境中，如作为空间间隔的吊饰；作为区域间标示的分割等 ● 美术作品还可以在走廊、阳台进行特定的展示

第三章 活动区学具的设计、制作与投放

活动区学具是活动区课程与孩子主动发展之间一个很重要的"教学媒介",教师通过精心的思考、巧妙的设计,将活动指导、活动目标、活动内容渗透在所设计的活动材料中,幼儿通过自主性地操作这些材料以获得相关经验。在活动区教学活动中,学具是"活教材",是教学实施的工具,教师通过学具的设计、投放来引导幼儿的活动,而幼儿通过操作学具主动获取知识经验、构建知识体系、发展能力。在这一章里,主要围绕着活动区里的语言区、数学区、益智区来谈谈活动区学具的设计、制作与投放,使学具发挥其应有的功能。

第一节 活动区学具制作概述

一、学具制作理念

根据皮亚杰的认知发展理论,学前儿童处于"前运算阶段",虽然儿童的各种感知活动图式开始内化为表象或形象模式,但思维还是受直觉形象思维的影响,难以从直觉中解放出来,所以皮亚杰强调主体在认知发展建构过程中的主动性,即认知发展过程是主体自我选择、自我调节的主动建构过程。从这可以看出,皮亚杰认为知识的获得是儿童主动探索和操纵环境的结果,学习是儿童进行发现与发明的过程。他认为教育的真正目的并非增加儿童的知识,而是设置充满智慧的环境,让儿童自行探索,主动学到知识。这意味着我们在教育中要注意发挥幼儿的主体性,不要把知识强行灌输给孩子,而是要设法向幼儿呈现一些能够引起他们的兴趣、具有挑战性的材料,并允许幼儿依靠自己的力量解决问题。

在认知发展中,3—6岁幼儿的思维主要是直观形象思维,他们是在与具体的物体和环境的互动中促进思维的发展;他们必须借助具体形象的客体和作用于客体的动作才能真正建构一些粗浅的知识。知识抽象性的特点和幼儿的思维特点决定了幼儿的学习主要依靠作用于事物的动作和动作的内化。教师应提供符合幼儿认知发展特点的学具材料,使幼儿在与环境互动、与材料对话中,激发探究

欲望。

因此,在活动区课程中,我们需要开发出各种让孩子在操作中学习的教学媒介,我们把种教学媒介称为活动区的活教材——"活动区学具"。

二、学具制作内容

活动区学具制作就是教师通过精深的思考、巧妙的设计,将活动指导、活动目标、活动内容渗透在所设计的活动材料中,通过学具操作实现幼儿自主独立探索的过程。学具是开展区域活动的物质基础,承载着各领域的教学内容,是幼儿建构知识的依托。幼儿就是在不断、主动地操作学具材料的过程中获取信息、积累经验和发展能力的,因此学具是促进幼儿发展的物质载体。学具要能激发学生的学习兴趣,能让孩子在操作学具的过程中获得知识和技能,注重的是孩子的主动操作、主动学习、主动发现,让孩子在"好奇—观察—操作—结论"的过程中获得主动发展。

与传统的教科书相比,活动区学具不但同样具有知识性和启发性,而且更富有趣味性和可操作性;与市面上出售的玩具相比,活动区学具不但同样具有趣味性和可操作性,而且蕴涵的知识更丰富、教育目标更明确而且功能性及层次性更强,它对幼儿进行知识的学习和建构有着不可估量的作用。

三、学具制作原则

活动区课程是通过直观的教学形式和幼儿自身的操作活动来进行的,所以直观生动的活动区学具必不可少。我们要利用"学具"这个活教材有效地促进幼儿的发展,为了使孩子们乐学、会学和学会,在设计活动区学具时要从以下的原则考虑:

1. 科学性

活动区学具的使用,其最终目的是让幼儿通过操作学具掌握知识、提高能力,促进幼儿的发展。所以设计学具时,学具所涵盖的知识点必须准确地表现,特别是一些科学概念、科学现象和科学原理。同时,学具的设计(内容与材料)还必须符合幼儿的年龄特点,遵循幼儿发展规律和认识事物的规律。正确把握难易程度,充分考虑幼儿的个别差异,让每个幼儿通过一定的努力达到相应的目标,能在原有的基础上得到发展。

2. 目标性

(1) 学具的目标性要明确

作为教学媒介,这就决定了学具具有达到某种教学目标的性质,因此,学具的目标性要明确。学具的目标性强,其实就是把知识点渗透到学具中,而且必须细化到每一个具体的子目标。教师必须要清晰地知道学具具体指向哪个学习目标,要做到心中有数才能更好地进行指导。如数学活动中,分类概念的学习必须要明确分类的标准是什么,细化到大小分类、形状分类、用途分类、颜色分类等等,不能把所有的分类都混在一起。

(2) 教具的指向性要同一

① 多种教具指向同一目标。目标是一个终点,学具是一种途径。教师尽可能设计多种学具帮助幼儿从不同的方向、不同的角度、不同的方面达到同一目标。如要"建立等量概念",可以设计"小瓢虫"、"小蜜蜂采花蜜"、"接龙"等多套教具来帮助幼儿建立等量概念(如图 3-1 至图 3-4 所示)。

图 3-1 小瓢虫

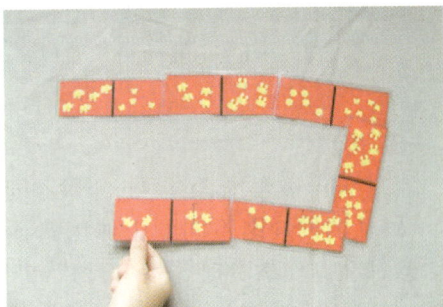

图 3-2 接龙游戏

图 3-3 小蜜蜂采花蜜

图 3-4 数物夹板

② 同一教具指向多个目标。同一教具指向多个目标才能使幼儿的新旧知识体系产生联系,进而融合。例如"小熊的糖果盒"这一套教具,幼儿需要把 1—10 的数字按顺序排起来,还需要给数字配搭不同数量的糖果,在拼排好之后还可以比较认识相邻数之间"差 1"的关系,从而达到不同的目标(如图 3-5、图 3-6 所示)。

图3-5 小熊的糖果盒(1)

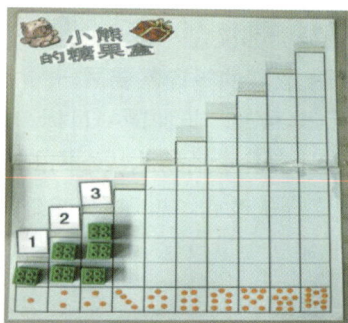

图3-6 小熊的糖果盒(2)

3. 层次性

(1) 同一教学内容对同一年龄不同发展水平的幼儿应体现层次性

幼儿的发展因不同的个体因素而存在个别差异。对于水平参差不齐的幼儿,教师在制作教具时若"一刀切",势必造成有的幼儿"吃不饱",有的幼儿"吃不消"的现象。这样就不利于幼儿在原有水平的基础上进一步发展。因此,教师应该通过观察、了解和评估,根据每个幼儿不同的发展水平,提供不同难度的教具让幼儿操作,以满足每个幼儿的不同需求,促使他们在各自原有水平的基础上得到发展。

(2) 同一教学内容在不同教学阶段应体现层次性

同一教学内容在不同的教学阶段,幼儿对知识的掌握程度也会不一样。为了适应幼儿掌握知识的变化,教师设计的同一教学内容的学具也应不断地增加其难度,以鼓励不同层次、不同需要的幼儿更好地参与活动。

4. 直观性

幼儿具体形象思维的特点决定了孩子的学习特点、学习方式也必须是具体生动形象的。形象生动、具体直观,使用方法简单学具的,孩子就会喜欢看、喜欢用,容易理解和掌握。幼儿通过操作具体形象的学具,才能具体地理解知识,直觉地体验、感知,这一点恰恰是抽象的文字、符号所不能比拟的。但这直观性也应根据不同年龄阶段的幼儿的不同思维特点而有所变化,随着幼儿年龄的增长,学具要从完全直观的具体形象的实物操作逐渐过渡到半直观的图片、数(字)卡的操作。实例如下(图3-7至图3-12):

数学区学具:

图 3-7　妈妈的购物袋　　　图 3-8　小兔吃萝卜　　　图 3-9　"添"1

语言区学具：

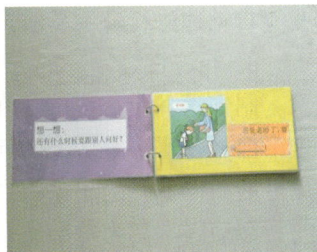

图 3-10　神秘口袋　　　图 3-11　找朋友　　　图 3-12　礼貌小公民

5. 可操作性

皮亚杰认为儿童的智慧源于操作。儿童通过操作激发起学习的主动性、积极性及创造性，并建构自己的知识体系。在活动区中，幼儿通过与操作材料的相互作用，在直接经验的基础上获得知识、经验以及提升能力，获得个性化的发展。为此，我们在选择内容时，应充分考虑到材料的可操作性。学具设计的出发点就是让幼儿进行操作。幼儿通过亲自动手操作，能很大程度上改变学习知识时死记硬背的现象，把幼儿被动的接受性学习变成主动的探索性学习。同时，要使学具的可操作性强，教师还必须放开学具的某些操作规则，让幼儿有选择的余地，多提供半成品的学具让幼儿根据自己的兴趣和水平特点积极主动、富有创造性地进行操作活动，让幼儿在开放、动态的学具操作过程中获得发展。

6. 趣味性

兴趣与需要是人们行为的动力。当幼儿对活动发生兴趣或感到需要时，就产生了学习动力，就会积极地去学习，并获得良好的效果。而区域活动中幼儿主要是通过自身的探索来实践、获得知识、发展能力的。幼儿天生喜欢新奇有趣的事物，幼儿一进区，常常不自觉地被颜色好看、有趣的学具吸引，所以学具必须美观新颖、富于童趣。这不但可以更好地吸引幼儿参加活动，而且能使他们在活动中、在与材料发生互动的过程中体验乐趣，而不会感到"学习"是一种负担，是一件苦事，这对培养他们的学习兴趣非常有利。要增强教具的趣味性,就必须从幼儿喜欢的素材入手选择制作教具的材料,材料要尽可能丰富、新颖,并定期更换,经常以新面貌吸引幼儿。一件学具就是一个玩具,儿童可以变换操作的方式,学习不同的知识和原理,同一知识和原理又可以通过操作不同的学具来学习。

7. 多功能性

由于幼儿的生活经验、学习兴趣、自身能力和已有水平都不尽相同,设计的学具在材料、规则、指导方法等方面应该是灵活多变,以适应不同层次幼儿的活动水平,使他们通过活动,都能在原有水平上循序渐进地获得提高。同时,学具最好有自动纠错与方便教师检查的功能。当操作出现错误时,对保留下来的操作结果,幼儿能自觉地进行自我检查或者方便教师进行辅导。

8. 经济性

制作学具应尽可能运用生活中各种各样的废旧材料,多选用自然性的材料。这不但可以解决经费上的问题,还能使幼儿感到熟悉、亲切,会更乐于去操作,同时也更能激发幼儿的想象力,提高幼儿的动手能力。

活动区学具为每个幼儿提供了更多动手操作、不断探索的机会,一套出色的学具,能促使孩子从操作学具的过程中主动获取知识经验、构建知识体系、发展自身能力。这就要求教师要认识到学具的重要性,重视学具的设计与制作,使学具发挥其应有的功能。

第二节 学具制作实例分析

一、语言区学具的制作与投放

语言区活动作为区域活动的一部分,是幼儿园课程建设和幼儿语言能力发展的重要基础。在语言区,学具作为幼儿进行活动的基本材料,是幼儿园语言教育目标和教育内容的具体体现。《3—6岁儿童学习与发展指南》指出:"语言是交流和思维的工具。幼儿期是语言发展,特别是口语发展的重要时期。幼儿的语言能力是在交流和运用的过程中发展起来的。"因此,语言区活动应立足于孩子语言的长远发展,把学习语言的主动权还给他们,注重为幼儿提供良好的语言学习环境,注重有重点、分层次的日常积累,开展适宜有趣的语言活动和各种类型的扮演活动、表演活动……努力达成幼儿语言学习的最终目标。

(一)语言学具设计的要素

语言区活动不仅仅是让孩子看书、听故事、说话,还应让孩子通过与同伴、材料的互动交流,学会自主学习,获得多方面的发展。所以投放的语言区学具应有趣、

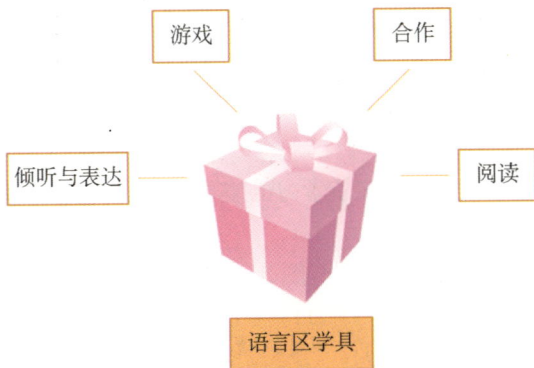

图 3-13　语言区学具设计要素图

操作性强、贴近幼儿生活且富有吸引力。我们认为语言区学具的设计应立足于幼儿实际，遵循《幼儿园教育指导纲要（试行）》（以下简称《纲要》）和《3—6 岁儿童学习与发展指南》（以下简称《指南》）的精神，从培养目标出发，需涵盖"倾听与表达"、"游戏"、"合作"、"阅读"四个要素（如图 3-13 所示）。

1. 倾听与表达

《指南》指出："幼儿的语言能力是在交流和运用的过程中发展起来的。应为幼儿创设自由、宽松的语言交往环境，鼓励和支持幼儿与成人、同伴交流，让幼儿想说、敢说、喜欢说并能得到积极回应。"《纲要》也指出："创造一个自由、宽松的语言交往环境，养成幼儿注意倾听的习惯，发展语言理解力，鼓励幼儿大胆、清楚地表达自己的想法和感受。"这些表明发展幼儿的口语表达能力是幼儿园语言教育的核心，学具在设计时应首先考虑如何蕴涵"倾听与表达"这一要素，促使幼儿能听、会听、乐说、会说。为此，语言区学具的内容必须符合孩子的兴趣和生活经验，使孩子在看、玩的过程中能够调动自己的经验，在与同伴的互动中进行讲述，在交流的过程中，孩子既要学会倾听和理解别人的表述，自己也要有回应，使听、说、读同步进行。

学具实例：中班学具运动小明星（如图 3-14 至图 3-16 所示）

图 3-14　运动小明星(1)

图 3-15　运动小明星(2)

图 3-16　运动小明星(3)

这套学具选取孩子运动的活动片段,把幼儿活动的情景拍摄下来,再把照片按内容归类进行制作。孩子一拿到这套学具、一看到自己和同伴运动的照片,马上就喋喋不休地讲起来,一边讲还一边呵呵笑,好像又回到运动的情境中。

2. 游戏

好玩是孩子的天性,游戏是孩子学习的主要方式。因此,学具在设计上应蕴涵"游戏"精神,满足孩子的需要。

学具实例:捉迷藏(如图 3-17 至图 3-19 所示)

图 3-17 捉迷藏(1)   图 3-18 捉迷藏(2)   图 3-19 捉迷藏(3)

这套学具的游戏性强,有点神秘和刺激,中小班的孩子最喜欢,通过找出小动物的藏身地点,对方位词的认识、理解和运用也在不知不觉中掌握了。

学具实例:反义词打地鼠(如图 3-20 至图 3-22 所示)

图·3-20 反义词打地鼠(1) 图 3-21 反义词打地鼠(2) 图 3-22 反义词打地鼠(3)

竞赛类的游戏也是中大班孩子喜欢的,通过比一比谁能最快找出相对应的反义词,可以激发孩子操作学具的兴趣,并在游戏中掌握了反义词。

学具实例:逛超市(如图 3-23 至图 3-25 所示)

图 3-23 逛超市(1)   图 3-24 逛超市(2)   图 3-25 逛超市(3)

通过角色扮演的游戏,激发了孩子参与的兴趣,在游戏中学会买卖商品的一些简单对话以及常见商品的文字等。

3. 合作

语言学习不是自言自语,而是在与他人的交流互动中得以锻炼、积累和发展的。加强幼儿的合作性是语言区的教育目标之一。因此,语言学具的设计应考虑"合作"要素。在语言区里,教师为幼儿设计一些合作性的语言学具,可以使孩子在合作的过程中相互学习、相互提高,而且有同伴的参与,也会调动幼儿的积极性,使幼儿在玩的过程中情绪更加高涨。因此,我们应该营造一个宽松愉快的语言学习和交流的氛围,多设计合作性的语言学具,充分支持、鼓励幼儿与同伴进行合作性学习。

学具实例:"新年礼品店"

扮演活动是孩子们最喜欢的合作活动形式之一。在活动中,他们能通过这样的活动学习协商、轮换所扮演的角色、学习怎样在语言和身体动作上与同伴相互配合进行扮演。在这套学具中,孩子们合作扮演"顾客"和"售货员"的角色,孩子们玩得很开心、投入,而且语言也很丰富、很生活化,以下通过孩子在游戏过程中的一小段对话,可以让我们看到合作对于孩子的意义:

售货员:"新年礼品店开张了,请问你要买什么?"

顾客大声说:"全部都要买,要不就要报警!"

售货员没有生气,而是耐心解释:"一次只能买一个,请问你要买什么?"顾客想了想,用比刚才小很多的声音说:"那就买窗花吧。"售货员提醒他说:"那你就找出正确的购物券吧。"顾客听话地找,找对了,给了售货员,买到了窗花。

售货员继续介绍:"我们的灯笼很漂亮的,一到晚上就会闪闪发光的,你要不要买灯笼啊?"

顾客问:"你的灯笼会不会变成变身器?"售货员说:"不会的,你要不要买呢?"顾客说:"不买了,买糖果吧。"售货员说:"糖果要 1 000 块钱,灯笼才 1 块钱。"顾客说:"那就买灯笼吧。"说完把购物券扔给售货员,购物券掉地上,售货员很生气,不理他,说:"新年礼品店关门了!"并收拾东西走了。

这是孩子游戏的一个小片段,却让我们看到了孩子们在合作性的游戏中能够调动自己的生活经验,围绕游戏主题进行充分的交流、合作,在这个过程中,他们有合作、有冲突、有自发的行为调整,也有解决问题的方法呈现等等,这些对于孩子的成长来说都是极其可贵的经验。学具引发了孩子的语言交流,而孩子的发展和互相影响又不仅仅局限于语言。

4. 阅读

《纲要》和《指南》都明确地把幼儿在早期阅读方面的要求纳入语言教育的目标体系。为此,引导幼儿适当认识一些汉字,培养幼儿阅读习惯和初步认知能力也是语言区的功能之一,此功能主要是通过学具的设计与投放来实现的。我们在学具设计中充分考虑到"阅读"的要素,考虑如何在学具中将简单的汉字与实物、符号联系起来。值得注意的是文字在语言学具中的出现,不是为了识字而识字。老师在学具设计中,应该遵循"无为而为"的原则,将文字当成一种图案、符号和其他的具象图像一起"不经意"地融入幼儿的操作中,使幼儿从一开始不经意地接触文字,到逐渐对文字产生注意,最终演变成一种抽象的学习。

学具实例:我的小冰箱(如图 3-26 所示)、"神秘的口袋"(如图 3-27 所示)、"水果店玩具店"(两个孩子玩,一个问、一个答),等都是实物教具,如图 3-28、图 3-29 所示,孩子在玩时不觉得是在学认字,而是在拼图、在游戏,但又记下了很多物品的名称,可谓教者有心、学者无意。

图 3-26　我的小冰箱

图 3-27　神秘的口袋

图 3-28　水果店玩具店(1)

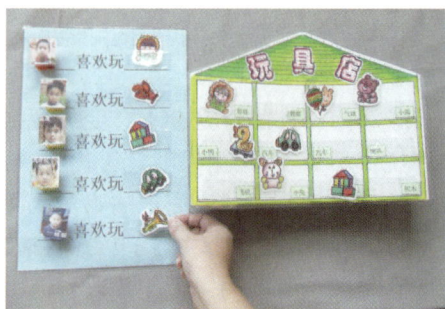

图 3-29　水果店玩具店(2)

又如学具"我是值日生"、"我们一起来看书",就是精选幼儿在园的一日情景并拍摄下来制作成"书",孩子们在翻看和操作该学具的过程中把很多同伴的名字记下来,如图 3-30 至图 3-33 所示。幼儿在操作学具中开始关注到字、符号、书的存在,并潜移默化地习得简单的阅读技能,形成阅读的兴趣和良好习惯。

图 3-30　我是值日生(1)

图 3-31　我是值日生(2)

图 3-32　我们一起来看书(1)

图 3-33　我们一起来看书(2)

(二) 语言学具的制作要领①

基于上述的设计要素,在制作学具时我们应从"选材"、"内容"、"玩法"三个方面把握要领。

1. 选材适宜且具有生活化

选材只有符合幼儿的年龄特点,与他们的生活密切相关,才能有效调动他们的生活经验,促使他们大胆表达内心感受。如在小班,老师根据家长反映孩子早上难以叫醒的情况,设计了一套"妙妙起床了"的学具。惠惠小朋友一边翻看图片,一边根据图片内容创造性地讲:"妈妈很温柔,说'妙妙,快起床了'";"爸爸最凶,说'再不起床,我就要打屁股了'",她一边说一边乐,其他小朋友纷纷围过来参与表达。孩子们的春游活动结束后,教师将孩子们的活动照片整理出来,装订成一本名为《春游乐》的活动册。并在每一张照片下方附上一句话:×××在干什么;×××在吃什么……这使孩子们始终都能饶有兴趣地操作并沉浸在这充满春游乐趣的学具中。在大班,教师制作的学具选材更为复杂,但同样与幼儿的生活密切相关。如

---

① 陈向群. 语言区学具的设计和应用[J]. 教育教学研究. 2010(6).

学具"美味BBQ",多彩纷呈的图片调动了幼儿对烧烤的生活经验,孩子可以用"不仅……还……"、"先……再……最后……"说出购买的食物并安排顺序,也可以让孩子用"有……有……有……"选择相关图片进行造句,说出同伴购买了哪些食物等。选材适宜且生活化有助于增强幼儿表达的主动性,体现了"以幼儿发展为本"的教育理念。

学具实例:美味BBQ(如图3-34至图3-39所示)

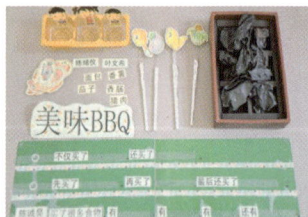

图3-34　美味BBQ(1)　　图3-35　美味BBQ(2)　　图3-36　美味BBQ(3)

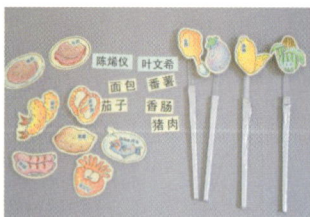

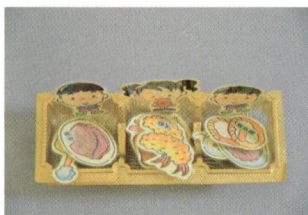

图3-37　美味BBQ(4)　　图3-38　美味BBQ(5)　　图3-39　美味BBQ(6)

2. 内容丰富且具有层次性

(1) 多元化

学具内容多元化,可以满足不同孩子的需要,让孩子有更多的选择,获得更全面的发展。可从三个途径进行制作:一是精选幼儿喜欢的故事为学具内容,让孩子在听、说、操作和扮演的过程中感知、巩固并进行创造性表现;二是再现幼儿喜欢的生活情景,让他们在仿真情境中扮演角色,熟练运用基本礼貌用语并学习多种交往技能等。如学具"福娃水果店"(幼儿扮演买卖情景)、"ABC电视台"(幼儿学做主持人)、"熊猫的客人"(幼儿学做主人和客人);三是设计幼儿喜欢的游戏情境,如学具"藏宝游戏"(学具包含两个角色:一个藏,一个找)、"对对相反词"(两个人像打牌那样玩)等,幼儿在此过程中学得非常轻松、迅速。

学具实例:《藏宝游戏》(如图3-40至图3-42所示)

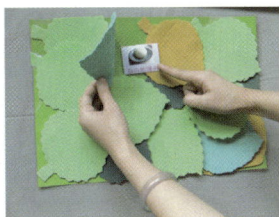
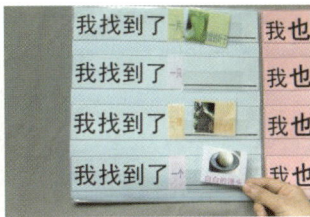

图 3-40　藏宝游戏(1)　　　图 3-41　藏宝游戏(2)　　　图 3-42　藏宝游戏(3)

(2) 层次性

不同的孩子间存在着个体差异,且各具不同的学习特点。所以,教师在学具的难度安排上要有层次性,使幼儿能依据自身的水平选择相应的内容。如在阅读方面,可以从词到短语再到句子提供不同难度的内容供孩子选择。学具"大嘴巴"使年幼的孩子在喂"大嘴巴"吃东西的过程中学习了很多食物的名称;而学具"红蓝对对碰"使能力强的孩子在玩匹配的游戏中学会了很多动宾短语(喝开水、拍皮球、穿衣服等),如图 3-43、图 3-44 所示。

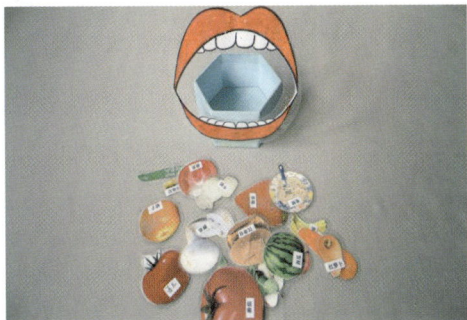
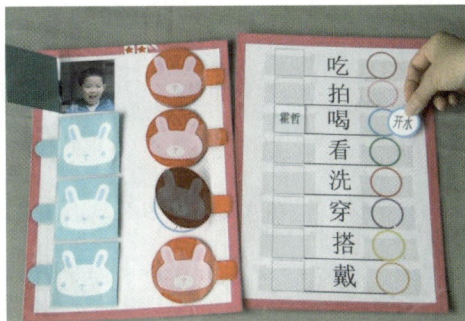

图 3-43　大嘴巴　　　　　　　　图 3-44　红蓝对对碰

(3) 系列性

应尽量设计一些系列性的学具,并从中体现学具内容由浅入深、循序渐进的特点,以加强幼儿的学习效果。如可以从设计名词的学具(娃娃、书包、篮球等)过渡到设计动宾短语的学具("抱娃娃"、"背书包"、"打篮球"等),再过渡到设计句子的学具("我会背书包"、"妈妈在抱娃娃"等)。系列学具中会有一些交叉或重复的内容,帮助幼儿进行记忆。不同难度的内容,时时对幼儿提出新的挑战,而在指导幼儿操作系列性学具的过程中,教师能更细致地了解每个幼儿的语言发展水平。

学具实例:量词系列

① 量词火车（如图 3-45、图 3-46 所示）

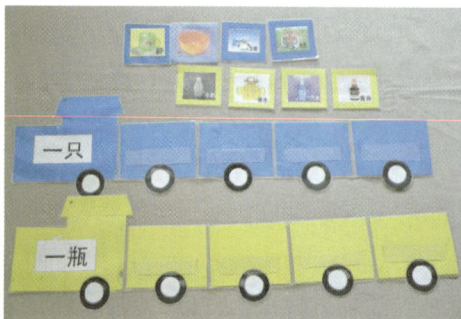

图 3-45　量词火车（1）

图 3-46　量词火车（2）

② 寻宝游戏（如图 3-47 至图 3-49 所示）

图 3-47　藏宝游戏（1）

图 3-48　藏宝游戏（2）

图 3-49　藏宝游戏（3）

③ 量词钓鱼游戏（如图 3-50 至图 3-53 所示）

图 3-50　量词钓鱼游戏（1）

图 3-51　量词钓鱼游戏（2）

图 3-52　量词钓鱼游戏(3)

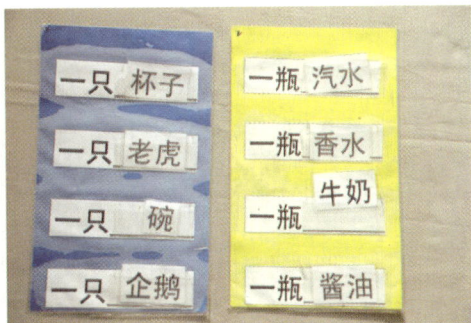

图 3-53　量词钓鱼游戏(4)

④ 朋友的周围是……(如图 3-54 至图 3-56 所示)

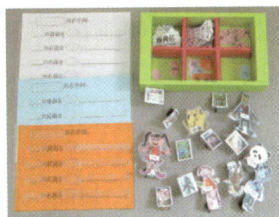

图 3-54　朋友的周围
　　　　　是……(1)

图 3-55　朋友的周围
　　　　　是……(2)

图 3-56　朋友的周围
　　　　　是……(3)

3. 玩法多样且富于操作性

丰富的玩法能使学具持续激发幼儿操作的兴趣,吸引幼儿进行操作。具体表现为:

(1) 凸显"玩味"

故事是孩子喜欢的学习内容之一,但如果只是简单地让孩子听故事录音或者看故事书,孩子们不会坚持很久,所以教师必须根据孩子的学习特点,从玩法上下点工夫,以调动孩子的兴趣。如可以让孩子一边看故事书一边听录音,并在故事录音后面录上几个小问题让孩子回答,以启发孩子思考,给予孩子表达的空间;还可以把故事书制成立体型的,特别是里面的角色可以随意移动,让孩子可以一边讲一边操作,了解故事中不同角色的情况,还可以和同伴各操作一个角色,使整个活动过程既有对话也有合作;在孩子熟悉了故事内容之后,还可以提供背景图和相应的头饰,让孩子进行故事扮演,如学具"三只小猪"、"金色的房子"等,这些学具给予孩子自主想象和自我表达的空间。

学具实例:三只小猪、金色的房子(如图 3-57、图 3-58 所示)

图 3-57　三只小猪

图 3-58　金色的房子

(2) 操作性强

学具操作性强,孩子就乐于动手。在我们自制的学具里往往包含了多种操作方式,如插(卡片、糖果等)、扣(纽扣)、打(牌)、摆(匹配图片)、套("戒指")、猜(物品)、喂(动物)、挂(衣服)等。同时,学具的操作方式还应依据内容和孩子的需要进行灵活调整。对于孩子们来说,在操作学具中能运用多种感官去探索、去学习,是一件开心的事。

由于语言自身的特性,语言区学具成品较少,大多学具是教师自制的。因此,学具的设计、制作与投放已经成为当前幼儿教师的重要专业技能之一。要使活动区"活"起来,使幼儿从中得到有效发展,教师应做一个有心人,多观察孩子,深入了解孩子的生活、兴趣和需要,才能设计和制作出适宜且为孩子喜欢的学具。

(三) 语言区学具的投放

语言区的活动是要通过幼儿的活动和交往,让幼儿相互交流已经获得的语言经验,要使区内交流活跃,气氛热烈就需要教师投放多元化的、多种类型的语言学具,激发、保持孩子们学语言的兴趣,有效地促进孩子们的语言发展。

1. 根据幼儿的年龄特点与实际水平进行学具的投放、置换

在投放学具之前,教师必须清晰《指南》和《纲要》里面关于3—6岁儿童语言培养的目标,设计、制作和投放符合幼儿年龄特点和发展水平的学具。遵循幼儿思维发展以及认知发展的规律,把握好难易程度,充分考虑幼儿的个别差异,让每个幼儿都能找到适合自己的学具,并通过自己的努力达到相应的目标,能在原有的基础上得到发展。如针对小班幼儿的年龄特点,多提供一些实物、形象立体的、贴近幼儿生活的学具,如学具"我的一家"、"打电话"等;到了中大班可以提供图片等半直观的学具,从简单的词语逐步过渡到短语、短句、复合句等。从而达到由易而难、循序渐进、因材施教地培养孩子语言能力的目标。

投放的语言学具的数量最好是入区人数的两倍,这样幼儿就能更好地自由轮换学具,完成任务。学具置换由教师根据幼儿最近发展的水平和年龄特点、兴趣决定每种学具在区域内放置的时间,并要根据情况及时更换学具。

2. 在操作学具过程中进行观察记录、指导调整

一般情况下,教师是有目的、有计划、有步骤地按照孩子的年龄特点和语言发展目标投放相应的学具,然而,活动过程中幼儿操作学具的行为反馈并不像我们预期的那样,他们会对于老师提供的内容、方法和材料出现"吃不下"、"吃不好"或"吃不饱"的现象。这就要求教师灵活把握幼儿在学习过程中掌握差异,提倡幼儿去尝试、发现、探索,在区域活动中做到观察充分、及时指导。

在区域活动中,教师还会根据《语言区观察记录表》对不同年龄段、不同水平的幼儿进行观察、及时介入指导,并适时调整适合孩子的学具。

二、数学区学具的制作与投放

一套好的数学学具并不只局限于让孩子获得知识,更应探求如何有利于促进孩子思维的发展,而每个孩子都是不一样的,数学学具的"专属定制"显得更重要。为了能让不同年龄段和不同水平层次孩子的不同需求都得到满足,"专属定制"的数学学具应该是多层次、多角度、系统的、趣味的、美观与实用并重的,在操作中让每个孩子都能得到发展,如图 3-59 所示。

图 3-59　数学学具设计关键特性图

(一) 数学学具设计的关键特性

1. 学具的目的性

根据教学内容的需要制作学具是尤为重要的。学具的目的性强,其实就是指把知识点渗透到学具中,并且细化到每一个具体的子目标。教师要非常清楚学具具体指向哪个学习目标,只有心中有数才能更好地进行指导。

实例:分类活动(插图)

小结：分类概念的学习必须要明确是哪一类型的分类，细化到实物分类、形状分类、用途分类、颜色分类等等，不能把所有的分类都混在一起，如图3-60至图3-66所示。知识点在学具中的具体表现就是操作的规则或者要求，这也是教师在指导时必须要清楚告诉孩子的。

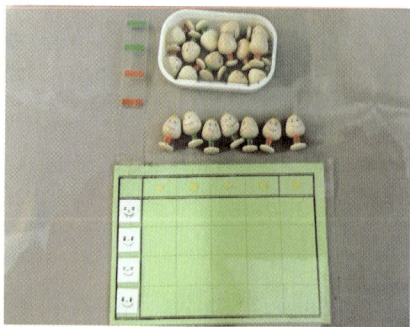

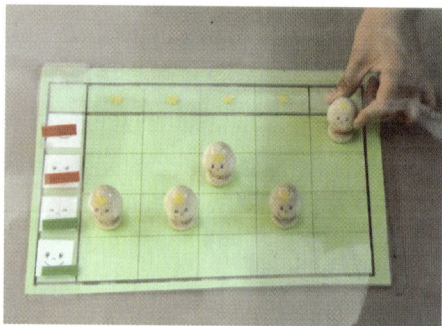

图3-60 大班分类学具"小娃娃"(1) 图3-61 大班分类学具"小娃娃"(2)
（三维分类）

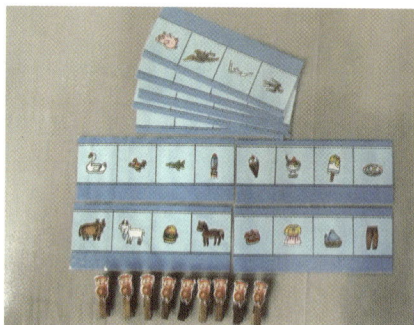

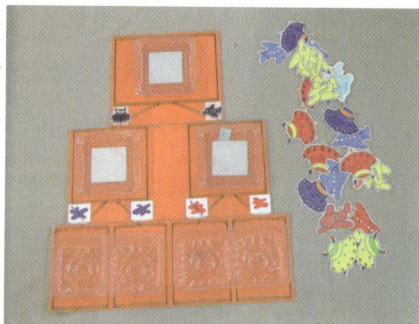

图3-62 中班分类学具"找不同" 图3-63 中班分类学具"停车场"

（一维分类） （二维分类）

图3-64 中班分类学具"小精灵排队"
（二维分类）

图 3-65　小班分类学具"妈妈的购物袋"(1)

图 3-66　小班分类学具"妈妈的购物袋"(2)

（一维分类）

2. 学具的多样性

幼儿心理发展的特点之一就是多变的事物易引起幼儿的兴趣。也就是说多样化的学具可以适应幼儿多变的心理特点,幼儿更乐意接受。针对同一个目标,学具并不是单一的,其实每一个具体的目标都可以有多种表现方式,这样也就衍生了多样的学具,可以让幼儿通过不同的学具来学习同一概念或者同一关系,让幼儿反复练习、操作而不会厌烦。

实例:10 以内数的分解组成

小结:围绕着"分"这个概念就可以用多种模式来制作学具,想怎么"分"都行,可以分水果、分点心等等,如图 3-67 至图 3-70 所示。

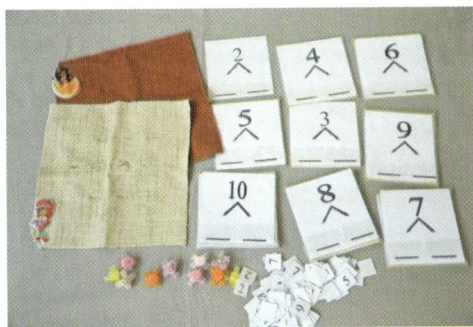

图 3-67　大班学具"给手帕添花"

图 3-68　大班学具"种树"

图3-69　大班学具"分糖果"(1)

图3-70　大班学具"分糖果"(2)

实例：点数、对应、排序类型活动

小结：可以利用市面上买的棋子、玻璃珠、矿泉水瓶瓶盖，还可以用卡纸自制，这些有趣的材料更能吸引孩子的注意力，如图3-71至图3-74所示。

图3-71　小班学具"小动物爬楼梯"
（点数）

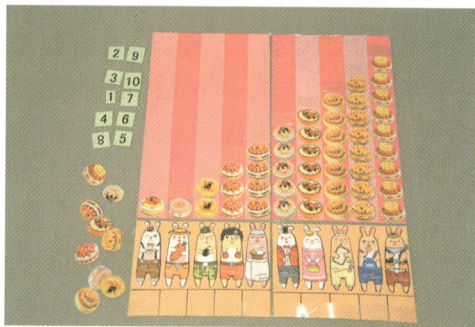

图3-72　中班学具"小兔子爱蛋糕"
（数序）

图3-73　小班学具"盖盖子"(1)

图3-74　小班学具"盖盖子"(2)

（一一对应）

3. 学具的层次性

① 从具体到抽象：同一个目标的学具要体现层次性，每一个概念必须从实物呈现过渡到形象概括，最后才是符号逻辑。

实例：数的分解组成

小结：先利用实物（如具体的水果或者水果图片等）来理解"物体是可以分的"，再利用抽象的东西（如圆点卡片等）来代替实物，最后是用数字符号（具体的数字）来代替抽象的点，如图3-75至图3-77所示。

图3-75　大班学具"分苹果"
（理解物体是可分的）

图3-76　大班学具"分苹果"
（数的分解）

图3-77　大班学具"番茄丰收"
（数的分解组成）

② 从概念到应用：设计操作学具的最终目的是为了解决生活中的问题，所以学具层次性还体现：形成概念—掌握概念—应用概念。

实例：群数的学习

小结：群数是一种计数方法，最先是要让孩子学会群数（如用数字插空的方法在相应的位置插2、4、6……，5、10、15……等），接着让幼儿熟悉每次都是2个、5

个、10个取物(如把气球以2为单位或者以5为单位扎在一起,这样的气球需要若干个等等),等幼儿习惯了这种数法再设计情景让孩子自然而然地利用群数法来数物品(如大量的礼物需要分发,怎样才能又快又准确地分好这些礼物)。

③ 从低水平到高水平:同一年龄段的幼儿的能力水平有高有低,同一套学具要能适合不同水平的幼儿是比较不容易的,并不是所有的学具都具备多种功能,因此教师要善于发掘学具的多种功能。

实例:自定义分类的学习

小结:可以提供暗示性的有具体类别的卡片,帮助低水平幼儿按照已有的类别进行分类;同时也可以提供单纯的底板,让高水平的孩子根据物体的特征来分类,再插上相应的类别卡片或者让幼儿自己来记录分类的方法。

另外,教师区分幼儿高低水平的标准还可以通过让幼儿复述自己操作过程中运用的"概念"来参考,高水平孩子应该能够比较清晰地说出相应的知识点,而低水平孩子在表述上可能相对弱一些。

4. 学具的系统性

知识体系是系统性的,相互之间的逻辑联系非常紧密。帮助幼儿建构这一系统,必须注意学具与学具之间的系统联系,也就是它们所表现出来的概念之间的关系。这在数学学具中的体现尤为突出。如分类是从简单的一级分类到复杂的多级分类,数的概念由计数、数序、数的分解组成等等。这些内容要根据幼儿思维水平的发展程度逐步体现,在中小班,由于幼儿思维能力的特点,数学概念的变化不宜太多;而在大班的数学活动中,幼儿的思维能力有比较大的飞跃,需要掌握的内容比中小班多了几倍,只有系统地把这些内容展现出来才能更好地帮助幼儿理解并建构自己的数学知识体系。

5. 学具的趣味性

学具的趣味性体现在立体性、故事性、合作性(如图3-78至图3-82所示)。

图3-78　小班学具"钓鱼"(立体性)

图3-79　中班学具"摩天轮"(立体性)

图 3-80　中班学具"钓鱼"（情景、任务）

图3-81　学具"扑克牌游戏"（合作、竞争）

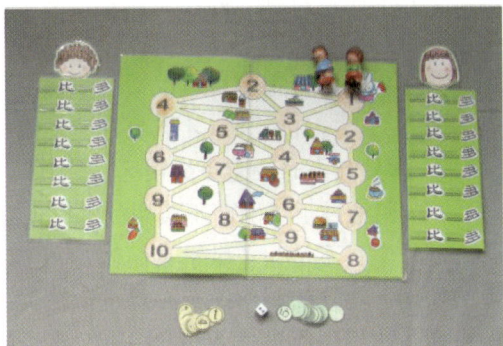

图3-82　学具"合作下棋"（合作、竞争）

小结：

① 立体性：毋庸置疑，立体性的学具更好玩，更有操作性，适用于任何年龄段的幼儿，孩子们也更愿意操作立体性的学具。

② 故事性：通过一个简单的故事情节来操作学具，让幼儿感觉像在玩游戏一样。在数学活动中，数学知识相对而言是枯燥的，将故事情节融入学具中为幼儿创设场景，这样的学具更有趣味性。

③ 问题性：以任务或问题切入，幼儿通过自己的数学知识完成或解决，可以提高幼儿的积极性。

④ 合作性：同一套学具除了可以让幼儿单独操作以外，更可以适用于两个甚至几个孩子一起玩。这样除了可以建构知识体系外，还可以增加幼儿间的交流和加强互助性。在大班级，合作性的学具中还可以增加竞赛性的内容，更易激发孩子们的积极性和主动性。

(二) 数学学具制作要领

1. 学具材料的选择

① 现成玩具：利用现有的玩具，如积木、木偶、扑克牌等作为学具，既简单又立体美观，如不同颜色的积塑小鱼、棋子、玻璃珠子等完全可以在分类、排序、点数、分解等多个目标的学习中学具使用；七巧板、积木等可以帮助孩子理解空间关系。

② 废旧材料：利用废旧材料既经济又环保。酸奶瓶、益力多、塑料瓶子、瓶盖、卷纸芯、线芯、月饼盒、易拉罐、饼干盒、台历、各类纸张等稍微变身就可以变废为宝了，如可以用线芯、卷纸芯让图片立起来；用易拉罐来制作数字车；瓶盖可以用来点数或者玩棋类游戏等等。

③ 班级环境：墙饰也可以变成学具。提倡让孩子参与教室环境的布置，教师在布置教室的时候有目的地将墙饰布置成学具，这样孩子既参与了环境布置，也参与了学具的制作过程。如让幼儿画一些分类用的花草虫鱼，教师再加上一些分类标志就是一套分类的学具了。

其实生活中有很多材料都适合做教具，只有在日常生活中多看、多寻找、多留心，开拓一下自己的思维，才能更好地发掘材料的可用性。

2. 学具制作时应避免的误区

(1) 避免过于华丽而不实用的学具

制作学具不是为了做学具而做，而是要让做出来的学具真正起到促进幼儿学习的作用。学具的制作没有必要过于精美，实用才是学具制作的精髓，中看不中用的东西是达不到促进学习的作用的，孩子的注意力会过多地集中在学具的外表。耐用也是学具制作的重要标准，只玩一次的学具没有制作的必要，容易破损需要经常维修的学具不仅会影响孩子的操作，也浪费老师的制作时间和精力。

(2) 具有多种功能的学具可以一物多玩

这对于学具的重复利用而言无疑是很有好处的，既可以让孩子通过一种材料学到几个知识点，也可以让老师的制作过程变得轻松。学具的目的性就是把数学的知识点渗透到学具中，而且必须细化到每一个具体的目标。因此教师必须要非常清楚学具具体指向哪个学习目标，只有心中有数才能更好地进行指导。如分类概念细化到实物分类、形状分类、用途分类、颜色分类等等，而知识点在学具中的具体表现就是操作的规则或者要求，这也是教师在指导时必须要清楚告诉孩子的。"一物多玩"就是尝试了一种玩法后，再尝试第二种玩法，但不要混淆，这样才有利于清晰掌握每一个知识点。

(三) 幼儿数学学具的投放

学具的制作，最终是为了给孩子操作，让孩子在操作的过程中获得相应的数学知识。因此在投放学具的过程中,因材施教、因人而投就显得更为重要了。为了达到更优质的效果,教师在投放学具时应注意以下几点:

① 熟悉 3—6 岁幼儿数学学习的整体目标;

② 了解幼儿的年龄特点及实际水平;

③ 观察幼儿的操作,及时记录、反思与调整。

无论如何,制作学具目的都是为了帮助幼儿掌握概念、建构知识体系和促进幼儿思维的发展,那么我们就应该从幼儿的角度考虑,让幼儿能够在操作中真正得益。

三、益智区学具的制作与投放

益智性与游戏性兼具是益智区学具最鲜明的特点。层次性、渗透性、趣味性、合作性和挑战性是益智区学具设计的关键特性。我们可以把益智区学具比喻为一个"万花筒",它把相互融合的各学科知识、各种能力与技能的练习蕴涵在有趣的游戏当中,让幼儿在愉快的操作中身心得到全面发展。

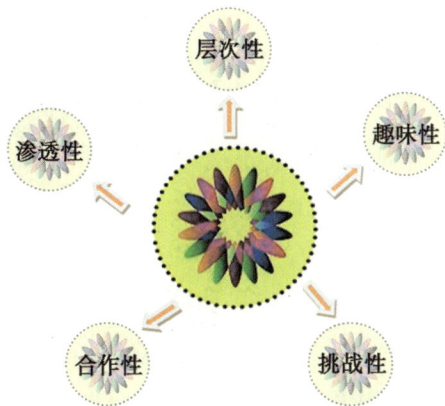

图 3-83　益智区学具设计要素

(一)益智区学具设计的关键特性

1. 层次性

不同年龄段的幼儿在知识水平、认知能力方面各有差异。因此在设计不同年龄班幼儿的益智区学具时,要考虑到幼儿的"最近发展区",同一套学具里的目标也应分为不同的水平层次,使不同能力的幼儿都能选到适合于自己的材料及方法进行操作、探索,有效地促进每一个幼儿在原有的基础上进一步发展。

2. 渗透性

一套益智区学具应蕴涵着丰富的自然常识、社会常识等各方面的知识,学具本身的目标设计功能应包含观察记忆、概括分类、思维推理、空间理解、动手操作、合作互助等方面的学习目标,而这些不同领域的目标可以互相渗透,相互结合。益智区学具就像一本"综合教材",让幼儿在操作时可以得到多种知识的刺激,从而使各种能力得到综合发展。

学具实例:大班益智区学具"垃圾分类小先锋棋"(如图3-84至图3-87所示)

图3-84 垃圾分类小先锋棋(1)

图3-85 垃圾分类小先锋棋(2)

图3-86 垃圾分类小先锋棋(3)

图3-87 垃圾分类小先锋棋(4)

分析:这套学具巧妙地将垃圾分类的环保知识以及棋类规则结合起来。

学具实例:小班"小动物分饼干"(如图3-88至图3-90所示)

图3-88 小动物分饼干(1)

图3-89 小动物分饼干(2)

图3-90 小动物分饼干(3)

分析：数学领域的颜色分类与动手能力培养的结合与渗透。

3. 趣味性

益智区学具对幼儿的想象力和创造力的发展有重要的作用，而单一、无趣的学具操作调动不了幼儿参与活动的积极性。如果要吸引幼儿操作学具，教师在设计时要充分考虑到学具的趣味性。教师应细心观察、及时发现幼儿的兴趣点，设计生动有趣又适合幼儿年龄特点的学具。此外，教师还可以从幼儿切身的生活经验和感兴趣的事物中得到设计学具的灵感与启发，这也是设计趣味性学具的重要方法之一。

学具实例：小班学具"游动物园"（如图 3-91、图 3-92 所示）

图 3-91　游动物园（1）　　　　图 3-92　游动物园（2）

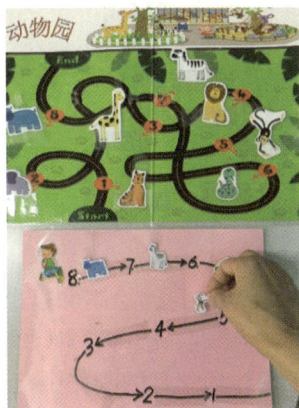

分析：教师结合本班幼儿的游动物园活动，将动物园场景与幼儿喜爱的动物形象设计成学具的底图，加入了让幼儿自己设计游览路线的玩法，既有幼儿所熟悉的场景，又有他们喜欢的活动，把游戏与生活结合起来，既增强了学具的趣味性，又大大提高了幼儿操作的积极性。

4. 合作性

益智区学具具有游戏性、趣味性的明显特征，因而教师在设计学具时应把合作互助的元素融入学具当中，这样当幼儿在操作学具时，就有更多的机会与别人交流合作，不但能体验到与同伴一起游戏的愉悦与乐趣，更能在你来我往的合作当中逐渐形成谦让、包容等品质，对促进幼儿的交往、提升协作能力都有很大的好处。此外，教师还可以让孩子参与学具的制作中，例如让大班幼儿参与制作棋类的绘画或玩法的设计中，这样能够让孩子更有主动意识和自豪感，孩子会更乐意参与到游戏中，这样的师生合作、生生合作也能增强学具的游戏性及合作性。

学具实例：大班学具"好朋友乘地铁棋"（如图3-93至图3-98所示）

图3-93　好朋友乘地铁棋（1）

图3-94　好朋友乘地铁棋（2）

图3-95　好朋友乘地铁棋（3）

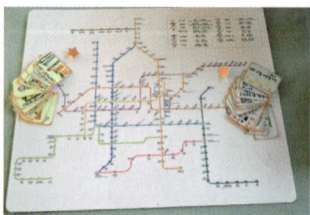

图3-96　好朋友乘地铁棋（4）

图3-97　好朋友乘地铁棋（5）

图3-98　好朋友乘地铁棋（6）

分析：让幼儿自己绘制和好朋友一起乘坐地铁时遇到的各种情形的卡片，增强了学具的趣味性。教师要调动幼儿的积极性，鼓励幼儿一起讨论并确定游戏规则，让孩子参与到学具的制作中，让孩子更有主动意识（这是我们设计的棋）和自豪感，孩子也会更乐意参与到游戏中，同时也增强了学具的趣味性及合作性。

5. 挑战性

幼儿智力发展的规律是随着他们的年龄增长而飞速发展的。所以，益智区学具在设计时应该有能够让幼儿"跳起来去摘果子"的特点。如果幼儿在操作益智区学具时能经过自己的努力克服困难、解决问题，挑战成功的体验会带给他们极大的满足和快乐。

学具实例：大班游戏棋"老狼老狼几点钟"（如图3-99至图3-101所示）

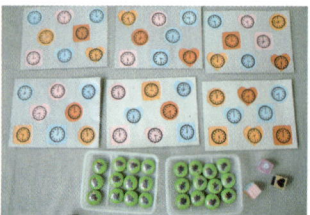

图3-99　老狼老狼几点钟（1）

图3-100　老狼老狼几点钟（2）

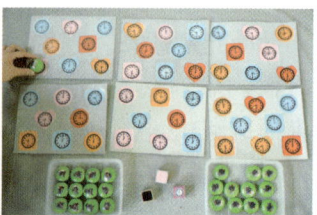

图3-101　老狼老狼几点钟（3）

分析：这套游戏棋的玩法是幼儿每一次要扔三枚骰子，一枚找相应的颜色，一枚找相应的形状，一枚找相应的钟点，幼儿还要说出找的是什么颜色、什么形状和几点钟。这套学具对于大部分幼儿来说，刚开始操作会有点困难，因为他们必须仔细观察并找对符合颜色、形状和时刻这三个特征的小钟。但教师在检查的时候发现，很多幼儿把卡片拿错了。于是教师就和幼儿一起讨论为什么会这样？经过总结，原来大多数的幼儿比较急躁，他们有的只看形状或者钟点，有的只看颜色或者形状，没有把三枚骰子都看全，导致了选错卡片的结果。问题找到了，幼儿认识到了细致观察的重要性，于是游戏中他们会更认真地观察，同伴之间还能互相提醒，经过不断的练习他们终于能熟练地游戏了，后来他们自己还加上更难的规则，使游戏更具有挑战性、更好玩。

（二）益智区学具制作要领

1. 学具的形态要吸引幼儿的好奇心

一套在形态上构思巧妙，符合幼儿认知需求，可以把幼儿带入某种情景的学具，就能让他们的好奇心得到满足，并能促进思维力、想象力和创造力的发展。设计益智区学具的形态时，既可以选择幼儿熟知的某些动物、人物形象加以夸张地呈现，也可以选择形态圆润或者简洁的几何图形，因为圆润的形态能让孩子感受到关爱，简洁的形态能让孩子更容易认知，让他们能够较快地感知事物。在安全性上，设计形态圆润的玩具，可以有效避免在操作学具时对幼儿造成伤害。

学具实例："扎辫子"（如图 3-102 至图 3-104 所示）

图 3-102　扎辫子(1)　　　图 3-103　扎辫子(2)　　　图 3-104　扎辫子(3)

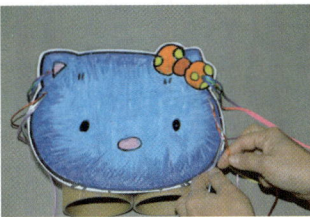

学具实例：可爱的毛毛虫（如图 3-105 至图 3-107 所示）

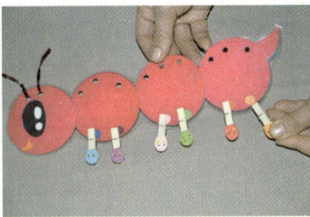

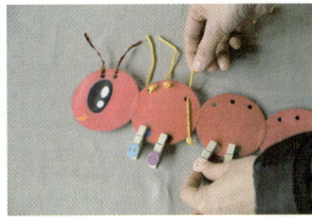

图 3-105　可爱的毛毛虫(1)　图 3-106　可爱的毛毛虫(2)　图 3-107　可爱的毛毛虫(3)

2. 学具的材质要满足幼儿的感官感知

质感是幼儿通过感官对不同物体的感知和记忆。孩子最初就是通过触觉来感知事物的,"摸"是他们认知世界的一种重要方式。在设计益智区学具时,教师可以巧妙地运用不同材质进行组合,形成丰富的结构特征,这样不但可以增强学具的感染力,还能刺激幼儿的不同感官,形成多种感官的综合印象,促进幼儿感官系统发展,这对他们的成长有重要意义。

制作益智区学具常用的材料有纸质材料、布质材料、环保废旧材料、各种生活用品等。

① 纸质材料是制作学具使用较多的材质,它取材简便,方便教师绘画、加工。学具制作好再过塑,有易于保存和方便收纳。

学具实例:"谁不见了"(如图 3-108 至图 3-110 所示)

图 3-108　谁不见了(1)　　图 3-109　谁不见了(2)　　图 3-110　谁不见了(3)

学具实例:"影子找朋友"(如图 3-111 至图 3-113 所示)

图 3-111　影子找朋友(1)　　图 3-112　影子找朋友(2)　　图 3-113　影子找朋友(3)

② 布质材料非常柔软,安全无害。教师可以用布质材料来制作玩偶、扣扣子等学具,特别适合于年龄小的幼儿。布质材料制作的学具还有容易清洗、经久耐用、便于保存的优点。

学具实例:"扣纽扣"(如图 3-114 至图 3-116 所示)

图 3-114　扣纽扣(1)　　　图 3-115　扣纽扣(2)　　　图 3-116　扣纽扣(3)

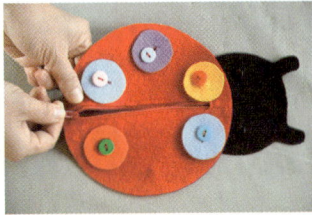

学具实例:"分糖糖"(如图 3-117、图 3-118 所示)

图 3-117　分糖糖(1)　　　　　　　图 3-118　分糖糖(2)

③ 环保废旧材料融入益智区学具的设计中可以增加学具的自然趣味,让幼儿与大自然建立联系,使他们与自然更亲近,感受自然的美。常用的环保废旧材料有塑料瓶、纸巾筒、塑料食物托、瓶盖等。使用废旧材料制作的学具有可以循环再用、造型立体的特点,但因为体质较大,不利于收纳。

学具实例:"拧拧乐"(如图 3-119 至图 3-121 所示)

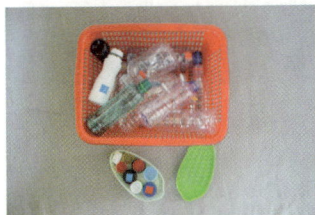

图 3-119　拧拧乐(1)　　　图 3-120　拧拧乐(2)　　　图 3-121　拧拧乐(3)

学具实例:"搭桥游戏"(如图 3-122 至图 3-124 所示)

图 3-122 搭桥游戏(1)　　图 3-123 搭桥游戏(2)　　图 3-124 搭桥游戏(3)

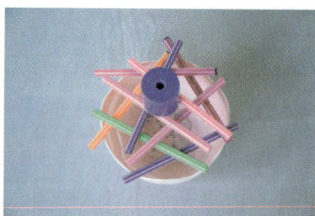

④ 生活用品在益智区学具里也是一种很好的材料,特别是在制作一些提高幼儿生活技能和锻炼手部动作的学具时,如练习使用勺子、筷子、夹夹子、绑鞋带等,就需要将生活用品作为制作学具的主要材料。只有使用真正的工具和材料,才能让幼儿更有真实感,在操作中进行生活技能的练习,提高动手能力。

学具实例:"比比夹夹"(如图 3-125 至图 3-127 所示)

图 3-125 比比夹夹(1)　　图 3-126 比比夹夹(2)　　图 3-127 比比夹夹(3)

学具实例:"喂鳄鱼"(如图 3-128 至图 3-130 所示)

图 3-128 喂鳄鱼(1)　　图 3-129 喂鳄鱼(2)　　图 3-130 喂鳄鱼(3)

(三)益智区学具的投放

1. 学具投放前激发兴趣

学具在投放到活动区前,教师应采用有趣的方式将这套学具的操作方法或者游戏形式介绍给孩子,以引起幼儿操作的兴趣。例如让幼儿分别观察学具的各个部分,然后想象可以如何操作,并让幼儿发表自己的见解,很多时候聪明的孩子都可以猜对,这时教师再略加讲解,幼儿就会觉得是自己发明了这个游戏,自豪感让他们对这套学具特别喜欢。又如教师可以邀请小朋友一起来示范怎样操作,用师生合作游戏的方法吸引幼儿,让他们觉得这个游戏非常有趣,从而跃跃欲试地也要到活动区里和同伴一起操作。经验证明,一套学具无论设计得多么优秀,如果在投放前没有激发起幼儿的兴趣,那么他们是不会乐于在区域活动中进行操作的。

2. 学具投放中观察引导

当学具投放到活动区里,教师要注意观察幼儿操作的情况。刚开始幼儿可能会不熟练或者出错,但操作过程正是幼儿感知和体验的过程,教师过早介入会在一定程度上剥夺幼儿自主探索的机会。这就要求教师要准确解读幼儿的游戏行为所体现的发展水平,判断教育目标与幼儿当前的发展是否存在错位,掌握在支持幼儿行为意愿前提下的引导机制。教师要适时把握游戏中的教学契机,既不中断幼儿的游戏,又让游戏充满乐趣。

在观察中如果发现有幼儿操作时确实存在困难,教师可以以游戏参与者的身份加入到操作活动中,用边游戏边引导的形式帮助幼儿逐渐掌握正确的操作方法。

3. 学具投放后反思调整

学具投放后,教师要根据观察到的幼儿操作情况及时做出反思和调整。学具的目标层次是否适合不同水平的幼儿?学具的操作对幼儿能力提高与发展效果怎样?学具材料对他们自发的练习性行为有没有帮助?有没有限制了他们的自主游戏与主动探索?教师要一次或多次调整学具的操作方式或者游戏方法,以适应幼儿的实际操作水平;提高学具的教育效能,引发幼儿不断地发现和探索,让益智区成为一个促进幼儿自发学习又充满乐趣的地方,为幼儿的综合能力发展提供有效的支持。

第四章 活动区的组织与指导

活动区课程的教学流程有其自身的特色,与传统课程"按部就班"(包括固定教材、固定教学目标、固定教学计划、固定教学组织形式等)的教学流程有很大的不同。活动区教学是通过为幼儿提供适宜的活动环境和材料,促进幼儿主动活动、自主选择、相互交流和持续探索,从而达到以促进幼儿全面发展为目的的一种教学形式。

一、活动区教学的组织

(一)活动区教学的区域划分

我们根据幼儿在幼儿园一日生活中所涉及的各个内容,规划了以下常规区域:语言区、数学区、音乐区、美工区、科学区、阅读区、益智区、棋艺区、建构区、娃娃家、木工区、社会区、烹饪区、运动区、生活区、沙水区等等。

常规区域确立之后,在实践中我们发觉,如果完全把各个区域独立起来或者按照时间段来划分各个区域的活动是完全行不通的,因为区域和区域之间是不能完全区分开的,比如幼儿在数学区操作数学学具的时候,往往需要通过语言表达来向老师说明自己的操作,以便老师了解该幼儿是否已经掌握正确的数概念,这当中也包含了语言的学习。又如幼儿对语言的学习并不完全孤立在 30 分钟之内,即所谓的分区活动当中,日常生活、同伴互动、师幼互动都是幼儿语言能力提高的重要途径。综上所述,我们提出了"一日生活区域化"的概念。

"一日生活区域化"是指把一日生活各个环节都划分为活动区,因为幼儿在幼儿园内一日生活的所有时间都是学习的时间,一日都是学习的过程。比如喝水的环节,幼儿要学习排队等待、给水杯装上适量的水、寻找合适的站位喝水等等,这些都是学习的过程。所以我们把活动区教学做了以下调整:

第一次分区活动:主要内容是需要环境安静、专注力较强的区域,包括了语言区、数学区、美工区、科学区、阅读区(个别)和益智区,时间段是上午的 9:00—10:00。

　　第二次分区活动：主要内容是比较轻松自在不需要太强专注力的区域,包括了建构区、娃娃家、木工区、音乐区(个别或者小组)……有时候还不排除幼儿在第一次分区时没有完成的内容,如果他们愿意可以延续到第二次分区的时候继续完成。时间段可以是上午第一次分区后,也可以放在下午进行。第一次分区和第二次分区使用的都是同一个课室、同一个空间,怎样能够在短时间内实现区域的转换呢? 我们通过图4-1和图4-2进行对比说明:

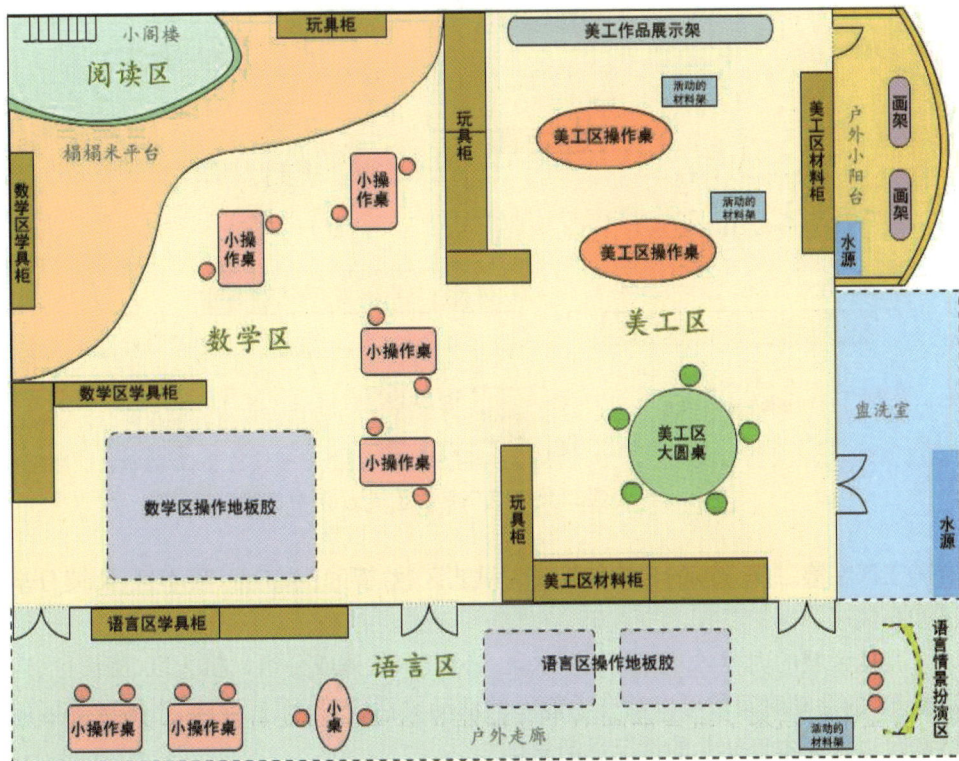

图4-1　"第一次分区"课室区域划分平面图

　　通过"第一次分区"课室区域划分平面图和"第二次分区"课室区域划分平面图可以看出,在第一次分区的时候,同时开放了语言区、数学区、美工区和阅读区。语言区使用了走廊的区域,里面有两张语言区操作地板胶、两张语言区操作台以及一张小桌子;在第二次分区的时候,语言区的操作地板胶和操作桌马上转换成为建构区的操作地板胶和操作桌,语言区的扮演架马上就变成了音乐区的表演架,而语言区的小桌子也就成了科学观察角的小桌,这样语言区的区域在第二次分区的时候就变身成为建构区、音乐区和科学观察角了。同样的方法,室内的数学区、阅读区

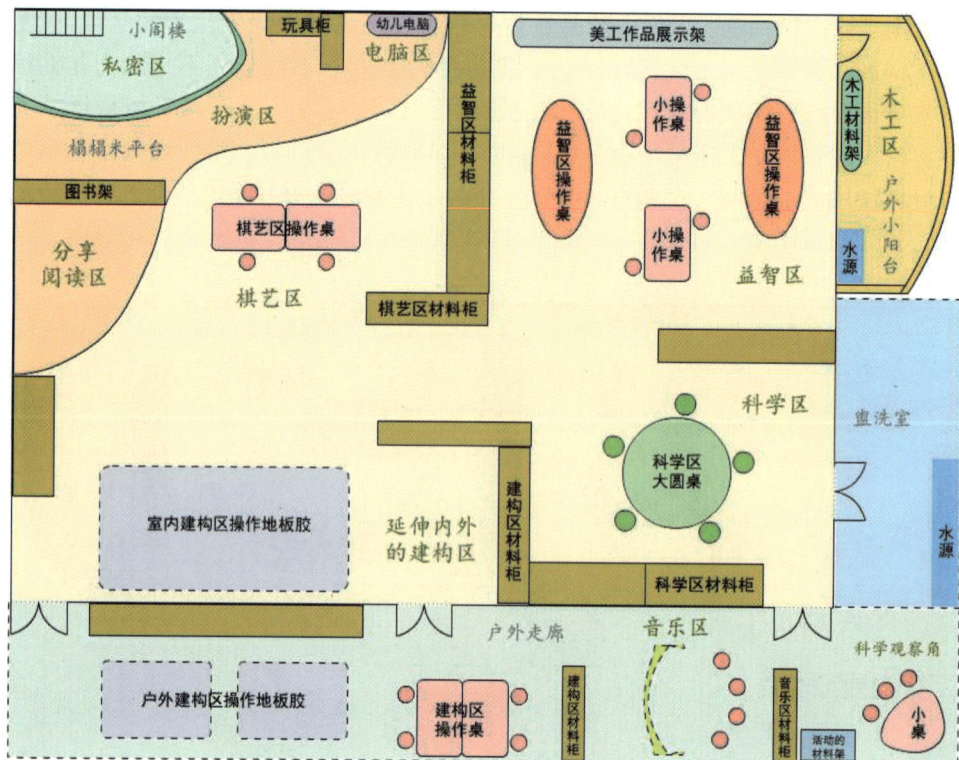

图4-2 "第二次分区"课室区域划分平面图

和美工区在第二次分区的时候转换成为棋艺区、益智区、木工区、科学区、阅读分享区和扮演区。

其他区域的内容(如烹饪区、沙水区、音乐区(集体或分组)、棋艺区、阅读区、运动区等)的活动时间段可以结合功能室的活动灵活安排;而社会区、生活区等区域活动可以根据本班幼儿的情况灵活安排。

(二)活动区教学开展所需要准备的材料

1. 分区卡

分区卡是分区活动必不可少的,因为这是幼儿进入区域活动的"身份证"(如图4-3)。它的作用有以下几点:

① 方便调控区域内活动的人数;

② 方便老师检查幼儿入区活动的频率;

③ 方便幼儿做入区记录并自检。

分区卡的制作其实很简单,外型没有什么硬性的规定,只要满足以下几个要素:

① 形象可爱、美观；

② 具有幼儿能够清晰辨认的标示，可以是幼儿的照片，也可以是幼儿的名字，还可以是幼儿自己制作的美术作品；

③ 留有黏贴入区记录表的空位。

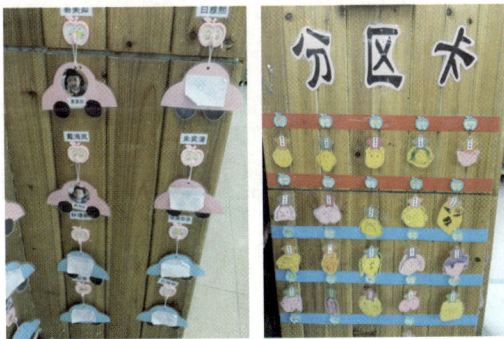

图 4 - 3　分区卡

2. 标志

标志有两种：

① 幼儿入区标志，是为了给幼儿放置对应的分区卡，主要作用是调控幼儿入区的人数。

小班的入区标志（如图 4 - 4 所示）应该更具象化，比如各区域之间用小猫、小狗的标志，又或者是苹果、雪梨等水果的标志区分；但到了大班就可以稍微抽象化，可以用一个圆点或一个形状的标志，各区域之间只要用颜色区分就可以了（如图 4 - 5 所示）。

图 4 - 4　小班入区标志

图 4-5　大班入区标志

② 学具标志应该是成对的,一个贴在学具柜上,另一个贴在学具箩上。

以上的这两种标志在投放的时候要注意结合幼儿的年龄特点,小班和大班的幼儿有很大的差别。

学具标志和入区标志正好相反,小班的学具标志越简单越好,一个简单的图形就可以,用颜色区分各区域;大班的学具标志可以适当复杂一点,比如数学区的学具标志可以加上数字来区分每套学具,语言区的学具标志可以用简单的汉字等等(如图 4-6 至图 4-8 所示)。

图 4-6　小班的学具标志　　图 4-7　中班的学　图 4-8　大班的学具标志
具标志

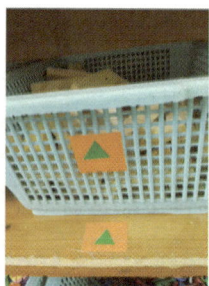

3. 学具柜

学具柜应该是开放的,所有的学具和物品幼儿都可以自由取放,如果柜子有抽屉,也要有具体的图片帮助幼儿清晰地了解各种材料摆放的位置。

4. 桌椅和垫子

幼儿操作学具需要桌椅,教师可以根据各个区域的不同特点安排桌椅的位置和数量。但是,由于幼儿入区操作是非常个人化和个性化的行为,学具的操作也需要比较大的空间,所以我们可以适当地投入一些垫子,方便个别单独操作,也可以提供稍微大一点的垫子满足幼儿合作操作(如图4-9所示)。

图4-9　幼儿操作的桌椅和垫子

(三) 活动区教学的常规培养

教师要随时注意培养幼儿良好的行为习惯,保证活动区内良好的秩序。如使用进区卡进区时,要求幼儿把卡片对齐标志摆好;要求幼儿认真、专注并坚持完成操作,培养幼儿耐心细致、专注坚持的良好品质;要求合作伙伴和交谈者之间控制音量,不影响他人,培养必要的自制能力和关心他人的品质;要求幼儿每次操作后,必须把材料物归原处,培养幼儿做事有始有终的良好习惯;离区时,要求幼儿取回进区卡并做记录。

下面我们通过活动前、活动中和活动后三个维度进行说明:

1. 活动前的常规培养

这个环节主要是针对小班的幼儿进行的,目的是培养幼儿自觉拿取进区卡,按照自己的想法到适当的区域进行活动。所以,小班的老师需要帮助幼儿理解分区卡的作用,可以形象地告诉幼儿:这个分区卡是去小动物家(各个活动区)的门票或者邀请信,每个小动物家都有小动物的图片,每个图片下面对应放好一张门票,没有小动物的图片了,我们的门票就不能再放上去了,等下一次小动物家有图片的时候我们再去。

2. 活动中的常规培养

这个环节主要是针对幼儿学习过程的常规培养。每个区都有不一样的要求。下面以数学区、语言区和美工区三个区域进行举例说明。

(1) 数学区

要求幼儿放好分区卡之后,先到学具柜取好自己感兴趣的学具,然后在区域内找到一个不影响其他人的座位坐下来并开始操作,遇到不明白的地方可以轻轻离开位置,小声地向懂的同伴请教,又或者直接举手找老师询问。操作结束后自己先检查一遍,如果没有错误再举手通知老师,让老师进行检查。最后,安静地把操作完的学具放回学具柜,对准标志放好,再拿另一套学具进行操作。

(2) 语言区

幼儿放好分区卡之后,找一位同伴共同取好一套学具,然后在区域内找到位置坐下开始合作讲述。在讲述的过程中要注意自己的声调不要过高,以免影响到其他正在操作的幼儿。提示幼儿在合作的过程中要懂得轮流玩、交换玩。操作完毕之后,安静地把操作完的学具放回学具柜,对准标志放好,再拿另一套学具进行操作。

(3) 美工区

幼儿放好分区卡之后,根据自己的兴趣,安静地到材料架或者材料柜寻找自己所需的材料,在一定范围区域内找到适当的位置进行绘画或者手工制作。可以小声地和同伴还有老师进行交谈,征询别人的看法等等,尽量做到不影响他人。

3. 活动后的常规培养

这是针对活动区活动结束时,幼儿收拾物品的常规培养。活动区结束时,幼儿听到老师给予的收拾信号(可以是约定好的固定音乐,或者是一个简单的信号),马上安静地把手头正在操作的学具及活动材料收拾好,并把学具和活动材料放到学具柜和材料架上,对准标志放整齐;然后在分区卡上做好进入该活动区的记录;最后把分区卡放回到原处(全班放分区卡的区域)。

(四) 活动区教学入区学习的形式

组织进区的形式有以下三种:

1. 任务式进区

任务式进区是在活动区的开展中,教师根据教育目标,为了避免幼儿片面发展,培养幼儿的任务意识而采取的进区形式。在活动开展过程中,我们意识到有些区域(例如语言区)对幼儿专注力、自制力的要求比较高,因此影响了幼儿在区域选择中的积极性,但是这些常规性的区域对幼儿的发展又有着重要的作用,不容忽视,所以我们设置了任务进区的形式。任务式进区要求教师监督并引导幼儿的进区行为,保证幼儿每周有一次进入常规区域的机会,这些常规区域包括语言区、数学区、科学区等。我们在增强常规区域材料趣味性的同时,也用"任务"的形式对幼儿的进区行为进行科学的引导,尽力保证幼儿的全面发展。比如在每次活动区活动前,老师都会组织幼儿集中起来,帮助幼儿回顾上一次活动区的活动情况,提出新的活动要求;又或者提示幼儿本次活动各个区域的活动内容是什么,激发孩子进入活动区的兴趣等等。这种进区学习的形式较多用于第一次分区时间段以及处于小班和中班上学期阶段的幼儿。

2. 自由式进区

以幼儿兴趣为主,进区时间(自由活动或分区活动时间)、操作地点(室内、室外、区内、区外)由幼儿自由选择。幼儿经过一段时间的活动区常规培养,对入区学习的常规已经很熟悉并且能自觉遵守了。在这个前提下,每次进入活动区活动时就不再需要老师集中组织讲述要求了,否则会束缚幼儿参与活动的自主性和自我管理能力的提高。所以,我们采取幼儿自由式进区的方式。

比如自由活动结束后,幼儿收拾好玩具并盥洗后,自主拿取进区卡进入自己感兴趣的区域进行自己感兴趣的活动,老师只是在孩子入区后检查幼儿入区情况再进行个别的提示和引导,调整幼儿的入区状况。

这种进区学习的形式较多用于第二次分区时间段以及处于中班和大班下学期阶段的幼儿。

3. 引导式进区

由教师根据实际教学的需要,针对性地引导幼儿进入区内学习,旨在解决特殊的问题。这种进区活动的形式是自由式进区的补充,原因是有个别的孩子对自己的判断会出现偏差,往往在选择进区时会出错,这就需要老师进行另外的补充,以确保幼儿能得到更全面的发展。比如一名大班的幼儿在操作"找朋友"这一学具时,老师发现幼儿看物点数的能力较差,对数字所表示的意义还未完全理解,老师可以从中班借一套看物点数的学具,引导该幼儿在自由活动时进区操作,帮助其解决在操作"找朋友"这一学具时所遇到的困难。

(五) 活动区教学的流程

经过不断的探索,我们逐渐形成了以活动区为主要形式的课程模式,形成了一个相对固定的教学流程(参见图4-10)。

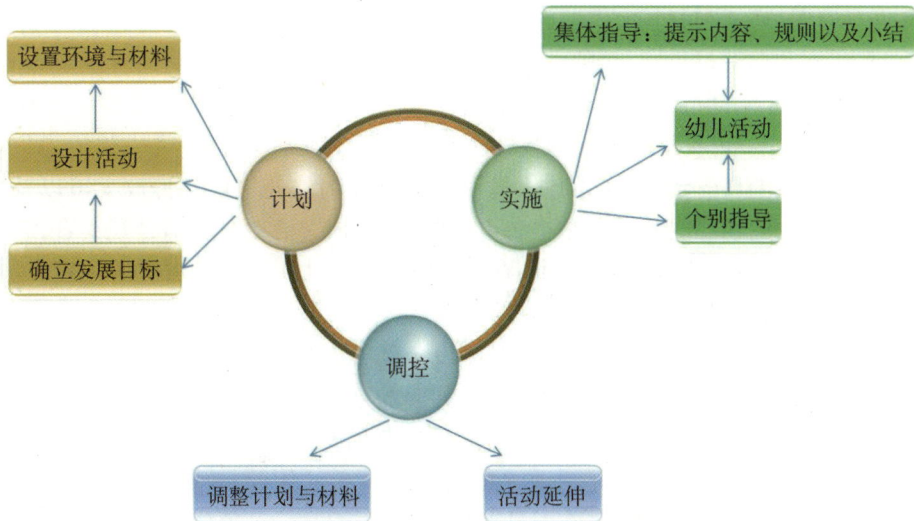

图4-10　活动区教学的流程

在教育过程中,关键是要处理好教育流程中的各步骤、各环节以及它们相互之间的关系问题。

比如制定怎样的计划便于针对性地实施教育?实施过程中如何促使幼儿自由自在地活动?教师如何发挥作用才能既面向全体幼儿,同时又有效地促进每个幼儿在各自不同水平上的发展呢?如何处理实施过程中出现的预料之外的问题呢?解决这些问题的关键就是要把握好"计划"、"实施"、"调控"三个关键步骤的关系。

1. 制定弹性的计划

要设计多层次的活动,就必须制定弹性的教学计划。在制定教学计划时,教师首先要分析全班幼儿的发展状况,明确他们之间的差异,然后分别为不同发展水平的幼儿设计不同的活动。在活动目标方面,有同一目标和不同目标;在活动内容方面,有同一内容和多个内容;在活动方式方面,有高要求和低要求……总之,活动区多层次的教育计划要体现活动目标的指向性、活动内容的多样性、活动方式的灵活性和指导重点的针对性。以此为导向,创设和提供多层次的活动材料,以适合不同发展水平、不同学习节奏的幼儿,满足不同幼儿进行自主选择的需要。

2. 实现教师角色转变

教师角色转换的问题也就是教师如何发挥作用的问题。从活动区教育流程图看,教师首先为幼儿的活动制定计划、设置环境和提供材料。在这一步骤中,教师的角色是单一的,只是一个准备者。实现教师角色的转变,就是要把教育内容转化为适合幼儿操作的环境和材料,从"教会"幼儿转变到通过营造适当的环境和准备适宜的材料引发幼儿的兴趣,并引导幼儿在和环境的相互作用中、在操作材料的活动中主动地"学会"。因此,教师不仅仅是简单地提供环境和材料,更重要的是提供"学会学习"的环境和材料。

在实施和调整过程中,教师的角色是多样:可以成为幼儿活动的观察者、知识的传授者、幼儿活动过程的引导者和指导者,还可以是活动过程的调控者。多个角色出现在幼儿活动过程中,有效地发挥了教育过程中教师主导、幼儿主体的地位与作用。如大班的科学活动"认识放大镜"中,教师在为幼儿提供各种放大镜以及各种供观察查用的物品时的角色是准备者;幼儿进行探索活动时教师是观察者;教师在向幼儿提供观察方法或回答幼儿提出的各种问题时则充当了知识的传授者、问题的解答者和指导者。

教师的每一个角色在什么时候、对哪一个幼儿发生作用都需要教师在有明确计划的前提下进行随机的、灵活的处理。同时需要指出的是,在活动区教学中,教师不再是传统意义上知识的传授者,而成为幼儿的交流伙伴。教师在和幼儿平等交流的基础上支持和引导幼儿活动方向、活动方式等。因此,教师要做"观察在前,指导在后"的导师型教师,并且在对幼儿的活动进行观察、评价的基础上,学会不断地调整活动区的环境,包括活动区域设置的增减、活动材料投放的改变,不断提供可促进幼儿持续发展的活动材料,使活动区真正成为幼儿主动学习、积极探索的学习乐土。

3. 开放性的活动组织

(1) 在开放性的环境设置及教育中实现了教育信息的多向性传递

我们在探索分区活动的过程中,十分注重创设开放性的环境和开展开放性的教育活动。开放性的环境使幼儿可以在一种安全、舒适的氛围中自由地选择、取放活动的材料,为开放性的教育活动提供了前提条件;教育活动的开放性,使幼儿能自由选择活动区域、学具、合作的玩伴,这样使幼儿与教师、幼儿与环境之间增加了交流的机会,使教学信息形成了多向性的传递。同时,要明确树立过程意识。教师"教"的过程,要成为促进幼儿发现问题、分析问题和解决问题的过程,而不是单纯地让幼儿模仿和记忆的过程。幼儿从一个发展起点跃向另一个发展起点,有的幼儿通过一两次的活动就能达到,而有的则需要多次甚至更长时间才能达到,这就要求教师必须在耐心观察的同时学会等待,使课程成为动态的流程。

(2) 多层次的活动设计满足了不同幼儿的学习需求

多层次的活动设计,使不同水平的幼儿都能找到自己感兴趣、符合自己水平的学具和内容,允许幼儿根据自己的思维方式、兴趣爱好去从事自己的学习活动,而教师则根据幼儿的实际需要提供帮助和指导,从而满足不同幼儿的需要,使每个幼儿都能在自己原有水平的基础上得到提高。如学习数的形成时,有的幼儿需要从2的形成开始一个一个地学,而另外一些幼儿则能举一反三,学会了一个数的形成后,其余的就能类推了。针对这些情况,教师设计了不同要求的学具:一些是一个数的形成为一套的、一些是几个数的形成为一套的。教师可以根据幼儿的不同需要进行指导:引导个别幼儿用实物帮助思考、提示一些幼儿借助符号或图形进行思考、帮助个别幼儿脱离辅助物在心里默数等,按照幼儿的实际水平需要提供有针对性的帮助。

(六) 活动区教学开展要注意的问题

活动区教学的组织形式与传统的课堂教学模式有着非常大的区别,所以在组织上要非常注意幼儿的自主活动。我们以数学区为例进行说明:

环节一:进区前的引导

包括以下几方面内容:

① 提出进入活动区的要求和规则。如进区要使用进区卡,如何取放活动材料,如何选择操作位置以及如何处理同伴之间关系等,这在活动区活动的顺利开展时是很必要的,而且需要长期坚持。

② 介绍新投放的学具,使幼儿掌握学具的操作方法。

③ 表扬上次分区活动中出现的正面现象,如个别幼儿的新发现,如何有毅力地解决难题以及大胆探索等行为,给其他幼儿树立好榜样和明确努力方向。

环节二:进行部分

数学活动区的进行部分主要指幼儿在活动区内操作的过程,一般情况下,教师要注意以下两个方面:

① 幼儿情绪。教师要注意幼儿操作的情绪,发现问题要及时引导和处理。

② 幼儿能力。有些幼儿在选择时有可能会选择与自己水平不一致的学具,教师在指导的时候要适当降低学具操作的水平,或者引导其更换学具。

环节三:结束部分

分区活动结束时,教师可以播放轻松柔和的音乐,暗示幼儿活动结束而转入另一活动环节,幼儿可马上离区,也可以延续上一个活动区内的操作活动,直至结束后才离开。

二、活动区的指导

(一)活动区的指导原则

1. 活动性原则

儿童心理学家皮亚杰认为人们发展和生活本身是机体与环境相互作用的过程,儿童是在与环境的相互作用中发展智力的。儿童要获得发展,必须让他们参与活动,并要保证幼儿的参与是一种主动参与,不是被动参与,是在他的内部动机和兴趣被激发的情况下,在创设的环境和气氛中积极主动地参与活动。

因此,在区域活动中,教师应将着眼点更多地放在幼儿的活动过程中,淡化"总结评价"的方式,重视指导中的"适时评价"。

2. 启发性原则

在教育过程中,教师的作用除了激发幼儿学习动机和兴趣、发挥幼儿学习的主动性和积极性之外,还应注意观察幼儿的学习方法,了解幼儿的思维过程,指导要留有余地,不要直接把答案告诉幼儿,尽量让幼儿自己去学习、去探索,帮助他们发现问题,引导幼儿思考所得结果的依据(或原因),启发幼儿寻找规律性,掌握学习的方法。

3. 步骤性原则

一般情况下,它是指教师有目的、有计划、有步骤地按照方案中的程序对幼儿进行指导,然而活动过程中幼儿的行为表现并不像我们预料的那样,对于老师提供的内容、方法和材料会出现"吃不下"、"吃不好"或"吃不饱"的现象。教师运用观察了解在前,引导帮助在后的指导方法。灵活把握幼儿在学习过程中的接受差异,提倡幼儿去尝试、发现、探索,教师只有在充分观察的基础上,才能对幼儿思维做出正确的判断,有的放矢地进行引导,帮助幼儿获得发展。

4. 发展性原则

这里指的是幼儿发展的阶段性、顺序性和连续性的特征。教师必须准确地把握幼儿心理和生理发展和学科知识本身的规律性,给予恰当的指导,才能使幼儿更顺利地获得身心和谐的发展。

小班幼儿年龄小,理解语意的能力差,所以需要直观趣味的指导。生动形象、富有趣味的指导语言是必不可少的;中班幼儿有了一定的社会经验、交往意识,理解语意的能力逐渐增强,指导上就需要带有启发性、建议性;大班幼儿有了一定的逻辑思维能力及分析判断问题的能力,理解语意能力有了质的飞跃,老师的指导可以趋于理性。

5. 个别性原则

每个幼儿的发展状况都有所不同,这是由于幼儿的年龄、身心的成熟、智力水平、知识经验、兴趣需要以及个性品质等方面的差异引起的,而这些方面恰恰又是影响幼儿活动过程的因素之一。在我们的活动区教育里,采用个别活动为主、小组活动为辅的形式,教师在幼儿活动的过程中,针对幼儿的具体情况进行指导。

因此,每个区域活动的开展要遵循基于预期、全面的目标,但是目标不是一成不变的,需要随机应变、灵活调整,以弹性目标实现每个幼儿"跳一跳"的发展。

6. 综合引导原则

在活动区,每个区域的内容都指向不同的学科内容,而幼儿的每个活动都指向多方面的发展。因此,教师在幼儿活动的过程中,一方面要利用学科知识本身来发展幼儿的智力和能力,让幼儿从中获得一定的知识和经验。另一方面要注意有意识地培养幼儿的非智力因素。

7. 趣味性原则

幼儿阶段的具体形象性思维决定了教师的指导需要趣味性。所谓的具体形象性思维就是指儿童主要是凭借事物的具体形象或表象的联想来观察事物的,而不是凭借对事物的内在本质和关系的理解或凭借概念、判断和推理进行观察的。幼儿头脑里所想的事情都是生动而形象的,描述事情往往很具体,当积累的具体形象越多,观察到事物之间的联系越广,就越能丰富他们头脑中表象之间的联系,从而进行想象、联想,真正领会学习的内容。

因此指导时候,教师要善于运用趣味性的言语和幼儿进行感情交流,想办法激发幼儿的兴趣点,当幼儿在活动中兴趣减弱或转移时,教师可以以玩伴的身份参与活动,摸清情况,激发兴趣。

(二)活动区的指导策略

随着对活动区教育功能的不断开发和利用,我们越来越清晰地看到活动区的无限空间、资源和功能,也看到幼儿无限发展的可能性。而幼儿的学习方式是多样化的——有观察、操作和倾听学习;有两维学习和三维学习;有室内学习和户外学习;有同时学习和继时学习;有交往学习、模仿学习、合作学习、冲突学习、迁移学习、操作学习、观察学习等。因此,活动区不仅仅是"预习、复习或补习场所"或活动延伸的场所,活动区应成为促进幼儿发展、提高学习能力的场所。

1. 趣味游戏介入

教师可以利用"游戏介入法"参与到幼儿的活动中,了解幼儿的情况和需要,给予有针对性的指导。教师以游戏者的身份,利用"平行式介入"、"交叉式介入"、"垂直式介入"的方法参与幼儿区域活动,从而起到指导的作用。同时教师作为大朋友与幼儿一起玩这本身就是对幼儿玩游戏的一种肯定、一种积极支持的态度。

语言区正在进行角色扮演《兔子的名片》(如图4-11所示),扮演解说员的翀翀突然不知道该说什么,左右手的手指紧张地搓着,等待了一会,教师带上另一个大灰狼的头饰,对小白兔鞠了三个躬,小白兔捂着嘴巴笑起来,翀翀立刻来灵感啦:"想不到小白兔成了狼的朋友,狼不得不向兔子鞠了三个躬! 小白兔啊,忍不住笑了起来!"

图4-11 角色扮演《兔子名片》

图4-12 音乐区的活动

音乐区正在进行一场盛装音乐会,四位爱美的小女孩穿上美丽的公主裙翩翩起舞,一位绅士的小男孩跟着音乐唱歌。老师跟着节奏拍起铃鼓,幼儿跳得更起劲了,曲子结束了还提起裙子谢幕呢! 在倾听和观看中,老师细细地分析幼儿、观察幼儿,培养自己的教育直觉,为有针对性的指导打下基础(如图4-12所示)。

"娃娃家"热火朝天,"爸爸"在电脑旁工作着,两个"宝宝"在玩游戏,"妈妈"正为"爸爸"和"宝宝"细心地制作一顿丰盛的午餐。突然"宝宝"走不稳摔跤了,"妈妈"停下手中的活细心地扶起"宝宝",说道:"宝宝乖,妈妈送你去医院啊!"老师这时候戴上医生的检查眼镜,走过去轻轻地说:"妈妈,你的宝宝怎么啦?""妈妈"着急地说:"宝宝摔跤啦!麻烦医生帮忙检查一下好吗?"老师仔细检查了"宝宝"的膝盖和手,发现无大碍,就对"宝宝"说:"我给你擦点药啊,不用打针了,但是记住下次要小心走路哦!""妈妈"也赞同地说:"医生说得对!下次宝宝要看路啦!""宝宝"点点头……老师在这个过程中既能参与游戏,又能对摔跤幼儿的伤情进行了解,一举两得!

2. 灵活调整水平

每个区域活动的开展要遵循基于预期、全面考虑的目标,但是目标不是一成不变的,需要随机应变、灵活调整,以弹性目标实现每个幼儿的发展。特别是在认知性区域里,教师要把指导的重点放在观察和把握幼儿发展水平上,在此基础上有依据地进行针对性的指导。如我们可以针对同一学具设定弹性目标——针对不同水平幼儿设定不同目标;也可以同一目标制作弹性学具——同一目标制作各种不同的学具,以吸引不同兴趣的幼儿。

学习数的分解时,有的幼儿需要从 2 的形成开始一个一个地学,而另外一些幼儿则能举一反三,学会了一个数的形成后,其余的就能类推了。针对此类情况,教师可以设计不同的水平的学具:一些只针对一个数的形成、一些则是针对几个数的形成。在指导的过程中,教师可以根据幼儿不同的水平需要进行指导:个别低水平的幼儿可以借助用实物帮助;高水平幼儿可以借助符号或图形进行思考;针对幼儿不同水平提供不同的有针对性的学具。

教师的指导需要因人而异,如指导幼儿操作相邻数的学具"找朋友"时,不同水平的幼儿就有不同的需要。幼儿茵茵,由于未掌握学具的操作方法而不知所措,教师的指导重点就在于引导她掌握操作的方法;幼儿小超,由于他数学知识基础较差,对自然数列的等差关系规律还没掌握,因而,教师在指导时就需要调整学具的操作顺序,让他先练习看数点物和排序,使他先掌握数序的基础知识。而其他幼儿水平较高,他们对相邻数已掌握得较好,对他们的指导则着重提高水平,改变学具操作方法,继续学习排列单双数。

教师对幼儿的指导不能一概而论,应从实际出发,在观察、分析幼儿实际水平的基础上进行弹性引导并调整学具的操作方法,使幼儿逐渐深入探索。

3. 问答抛接对话

教育不是一种技术,而是一个对话过程,因此教师要树立对话意识。通过师生"对话",逐渐形成两者之间的理解、沟通、互信、尊重、融洽、互惠的关系,促进两者之间信息的传递、思想的互启、观点的更迭、情感的激发以及智慧的提升,继而达到师生共同成长的目的。

在科学区里，中班的乐乐正在进行"磁铁的选择"实验，乐乐认真地把篮子里的小物件分类——能让小磁铁吸住的放在红色的碗里，不能吸住的放在蓝色的碗里。分完后，老师轻轻问："你觉得能被磁铁吸住的小物品有些什么特点呢？"乐乐想了一下，看着碗里的剪刀、铁夹、铁钉、回形针、图钉，说："都是铁的！""真棒！如果奶奶找不到掉在地上的针怎么办呢？"乐乐立刻说："我们可以用磁铁吸！"一抛一接，把日常问题解决了。

对于认知性区域如数学区，可以一题多问，一问多解。例如"送小动物回家"学具的提问："小猪住第几层楼？""小猪楼上住着谁？它住的是第几层？""小猪楼下的第二层住的是谁？"等等，多角度的提问不但能使幼儿更好地掌握序数，而且有助于教师了解幼儿的实际水平。又如"编应用题"学具，幼儿看图编出一道题，老师可继续问："你能用另一种方法编题吗？""你为什么这样编？"再如"看标记排序"一学具的提问："你为什么要在这摆上黑棋呢？""你还能用什么方法排出一个新的图案呢？"等等。

总之，提问要尽可能让幼儿有思考和回答的余地，尽量减少只有"是"和"否"两个答案的提问。

4. 巧设竞赛机制

良性竞争的意识需要从幼儿阶段开始培养，合作是幼儿适应社会不可缺少的重要因素，因此我们可以在区域中巧设一些竞赛类游戏，不仅可以培养幼儿自主合作，还可以潜移默化地培养良性竞争意识。当区域活动中发生纠纷、活动有停顿时，此时老师的介入，可以帮助幼儿懂得规则的重要性，学会与人合作、交往的技能和技巧，比如轮流等待、角色分配、化解小摩擦的技巧等，同时还可以鼓励幼儿以竞赛的形式发挥想象，如何一物多玩或多人共同操作一种物品。

益智区中皓然和萱萱正在玩练习拿筷子的"夹夹乐"游戏，每人一双筷子一个碗，篮子里有相同数量的积木和毛球。他们一个人夹毛球，一个人夹积木，很快萱萱夹完了毛球，开心地说："我赢了！"皓然有点沮丧："这个毛球比较容易夹！"萱萱也觉得有道理："我们不如两样都夹？"皓然说："好啊！公平！"萱萱想了一下说："我们轮着夹，一个毛球，一个积木，再一个毛球，一个积木，这样公平了吧？""好！"这样，一轮新竞赛又开始了……

运动区的自选活动是幼儿最喜欢的环节，羊角球区的幼儿一弹一跳，乐此不疲。可是幼儿正走着，突然发现前面跳来一只"羊"，想转弯，旁边又有一只"羊"，不知道该往哪儿走。原来"羊"没有固定的路线和方向，就容易发生阻塞，于是老师请了两位幼儿一前一后做指挥官，像交警一样，指出一个统一的方向让"小羊们"走，于是，道路顺畅多了！

5. 团队互动合作

未来社会是一个竞争与合作并存的社会,"学会交往"、"学会合作"是时代对人才的基本要求。只有懂得合作的人,才能获得生存空间;只有善于合作的人,才能获得发展。在活动区里,幼儿是活动的主体,幼儿间、师生间是合作伙伴关系,可以利用合作的形式促进幼儿间的相互切磋与学习,共同完成一项"工作"。

在大型活动中,幼儿常常表现出一定水平的团队精神,可以提高幼儿交往、合作的能力,学会相互协调,还能从伙伴那里学到许多先前不会的本领,得到不同的灵感。彤彤、雯雯和欢欢正在建一个动物园,她们都拿了不少的积木建围墙,过了很久都还只是一面墙,而且对于如何建,三个人都有不同的想法,结果三面墙一直没能连起来。老师试探性地问:"里面是什么呢?""动物住的地方!"彤彤回答,"哦,有可爱的房子,还有美丽的草原呢! 对吧?""对啊! 我来建房子吧!"雯雯说。"我铺草地!"欢欢说。彤彤立刻说:"好啊! 那我把你们的围墙连起来吧!不让大灰狼进来!"于是三个小女孩就分工完毕了。

在户外沙水区,大家正准备建设水陆交通枢纽。组长洋洋分配任务:"我和三个男孩挖水路,你们三个女孩建大山挖山洞吧!"大家热火朝天地干起来了。"洋洋,我们的水路让大山挡住了!"原来他们计划挖的水路的地方堆了一座"高山"。洋洋说:"对啊,这样水就给堵住啦!""咦,山脚有点位置哦!"老师指着山脚下靠围墙的地方说。"就绕着山脚走吧! 女孩的山建高一点,不用太大,我们水路也要走的!"洋洋跟大家说。"收到!"大家又开始干起活来……

6. 榜样间接辐射

《纲要》的实施细则中明确指出幼儿同伴群体是宝贵的教育资源,是幼儿成长环境的重要组成部分。这说明了同伴群体对幼儿发展起着举足轻重的作用,在区域活动中我们还可以采取榜样间接辐射的方式,进行模仿学习。

在木工区里,辰辰和燊燊正在钉钉子,辰辰很小心地一手扶着钉子,一手轻轻锤,可是低着头弯着腰,锤子抬起来的时候几乎碰到了脸蛋甚至眼睛,比较危险。

而在一旁的燊燊的姿势比较标准,弯着腰稍后靠,一手扶钉,一手拿锤。"燊燊拿锤子好标准哦,辰辰要注意安全哦,腰往后靠,就不会碰到眼睛啦!"老师提醒道。辰辰看到燊燊的姿势,似乎知道了什么,立刻模仿燊燊向后靠的姿势,榜样就是学习的对象(如图4-13所示)。

在美工区里,昊昊和菲菲都在画大树,菲菲的大树葱葱郁郁,甚是好看,可是

图4-13　木工区的活动

昊昊的大树的树叶老是在滴水,原来昊昊沾水多了。老师假装问菲菲:"你的叶子不会流泪哦！好美!""是啊,我洗笔后点几下布,笔里的水就少了,所以叶子就不会流泪。"菲菲自豪地说。昊昊听了,似乎明白了,立刻洗了洗笔,然后在布上吸了吸水……

由于幼儿容易模仿他人行为,所以很多区域都可以发挥榜样的间接辐射作用,对于规则的巩固、行为的规范都能起到正面作用。

7. 扩展空间延伸

除了在区域中开展同时学习,还可以开展继时学习,把学习的空间延伸到家庭和社区。幼儿园、家庭、社区的合作有利于充分利用资源,协调各方面力量促进幼儿各方面能力的提升,发挥整体教育影响,更好地促进幼儿的发展。

科学区我们可以适当留疑,将一些暂时没能解决的问题留给幼儿和家长共同探讨;烹饪区也可以请一些家长过来跟幼儿一起尝试;美工区的剪纸可以带回家跟家长一起装饰房间……能够参与幼儿成长,家长自然也会很乐意。

第五章

活动区的观察与评价
——镜头下的孩子们

第一节　幼儿园活动区的观察工具及方法

一、观察的目的及意义

　　每个孩子的发展都不尽相同,都有自己的特点。孩子的发展过程有其阶段性、顺序性,但每个孩子的发展速度不同。对于教师而言,这些都是可以观察的。通过观察,教师能够更好地了解幼儿的游戏发展水平,并在各种活动中有针对性地对孩子提出要求,促进其游戏发展水平的提高;通过观察,教师可以更好地了解幼儿的需要,并针对性地为孩子的游戏提供必要的支持和帮助。总之,对于3—6岁的孩子而言,观察法是比较适合且有效的研究方法。观察是认识孩子、了解孩子的重要途径也是主要途径,也是进行教育教学研究的重要手段和方法。

　　活动区的观察不仅仅只是"看",还是有目的、有计划地对孩子正在发生的现象或行为进行考察、记录和分析。在活动区中,教师应该针对所观察到的内容进行分析及解码,为教育教学行为的改进提供科学依据。总之,在幼儿园的活动区中,教师应该通过不断的观察来获悉幼儿的活动状况,通过使用各种观察记录方法来记录幼儿,在此基础上对幼儿的游戏行为进行有效的解码,从而制定出新计划或者改进旧计划,支持、引导和帮助正在游戏中的幼儿。这个过程是一个循回往复、动态持续的过程,如图5-1所示。

二、观察者必备素养

(一) 教师要具备主动的观察意识

　　教师要有主动的观察意识,也就是说教师在面对孩子时要随时保持观察的状态,建立观察的反应机制。观察计划包括了解孩子的基本情况、孩子在该年龄段的能力发展水平,教师应熟悉《纲要》和《指南》的具体内容,准备好相应的观察工具和记录工具等。

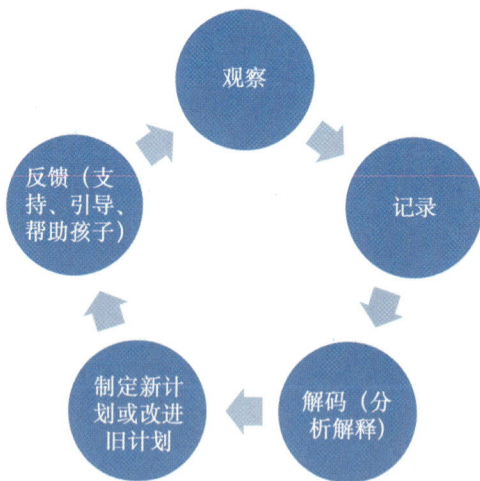

图 5-1 教师观察动态流程图

观察不一定都有详细的计划,但做好观察计划有助于观察的顺利开展,如图5-1所示。根据观察有无目的和计划,我们将观察分成随机观察和有目的观察。随机观察是指在幼儿园的一日生活中没有事前的计划和准备,随时随地观察和记录幼儿外显的行为方式,如生活区散步活动中教师对孩子的观察;有目的观察是教师事先做好计划,有准备地对某一孩子的某一行为进行观察和记录,如教师想了解某幼儿的同伴交往水平,则需要使用有目的的观察法,教师首先要制作观察量表,然后在某一个或几个活动中对孩子的同伴交往行为进行观察和记录,最后进行分析和反馈,得出该幼儿的同伴交往水平。

(二)教师要具备有效的观察技能

1. 观察的方式:旁观式观察与介入式观察

孩子在面对成人的观察时也会出现"霍桑效应"。当教师采取旁观式的观察时,就要注意不被幼儿发现,尽量减少对幼儿行为的干扰,这样才能得到自然真实的观察结果。

而介入式观察更多地运用于区域活动过程中,带班的教师对区域操作中的孩子进行观察及指导。作为孩子熟悉的带班老师,孩子能够适应带班老师的视线,他们喜欢教师对自己的关注,因此一线教师在带班的过程中进行观察,可以降低孩子对观察的抵触,让观察结果更具有真实性。

2. 观察的真实性和客观性

不管怎样观察,都要让观察结果保持自然而真实。

观察不是一次两次的行为,不能凭借单次的观察或者只是根据孩子的几个动作、几句话就对孩子做出判断。在观察中要保持冷静的头脑,集中观察焦点问题,客观地看待孩子的行为,不要被主观意识所左右,这是观察解码时最难的。

要注意以下几个观察的小技能:

(1) 在真实的环境中观察;

(2) 观察孩子的活动过程,而不仅仅是结果;

(3) 注意观察的连续性;

(4) 观察记录要客观;

(5) 记录孩子的原话。

3. 观察的内容

观察的内容从大方面来说包括幼儿身体状况及运动技能发展、幼儿的语言表达及发展、幼儿的认知发展、幼儿情感和社会性发展、幼儿艺术型发展等。

一日生活区域化,那么活动区的观察应贯穿于一日生活之中,不管何时都是观察的时机。但一天之内都要观察,是不切实际的,因此要抓住重点进行观察,也就是要有一定的规划,教师要做到心中有数。

根据不同区域观察的重点有不同的要求,如在语言区中要观察孩子的语言表达情况,而在数学区则更侧重观察孩子的操作过程等。如 A 老师今天对某个小朋友的语言发展进行观察,那么他在语言区的操作活动是观察重点,他在"娃娃家"的活动也是观察重点,他日常行为中的语言表达也是重点。B 老师计划今天对语言区的操作活动进行观察,了解语言学具的操作状况,那么今天在语言区活动的幼儿的行为都是观察的对象。

4. 观察记录工具

(1) 现代信息化的观察记录工具

最简单的观察工具是眼睛,但"看"很多时候会受环境的影响,为了让观察能够自然真实,就要选好观察的"工具"。现代化的信息工具有相机、摄像机、录音笔、记录表、幼儿作品存储袋、视频监控等。

现代信息化的观察记录工具可以弥补人眼观察的一些不足,将孩子的情况详实地记录下来,便于保存及进行详细分析解码。如孩子作品可以用相机拍摄下来,孩子操作学具、制作手工、参与游戏等的过程可以用摄像机录下来。

教师在带班过程中观察孩子,有可能会观察到一些有意义的内容,也会遗漏一些有用的信息,或者观察到了这些有用的信息,但是没有时间进行详细的记录,这个时候就需要用到以上提及的工具。

例 1:A 教师在带班时观察到某孩子在与同伴交流时,语言表达很有趣,这时采用直接记录法,可能记录不及时,用摄像机可能会影响孩子的表现,那么小小的一支录音笔就非常有用,或者是有录音功能的手机也是一个不错的选择。

例2:B教师在观察孩子在"娃娃家"的表现之前,可以提前准备好摄像机放在一个隐蔽的位置,以保证记录下来的过程是孩子自然真实的表现。

(2)常规的观察记录表

传统的记录方法就是用纸笔,纸笔取用简单、使用容易,孩子也不容易受影响(教师日常工作中都有使用纸笔的情况,孩子已经熟悉并习以为常了)。

现代化信息技术手段固然是观察和记录的好工具,它们好用但是不见得方便。一旦教学中遇到没有这些现代化工具的情况或者不便于使用这些现代化工具的时候,教师就需要用到一些简单的记录本,把一些内容记录下来。

进行区域活动观察时还有专门的记录表,如语言区观察记录表、数学区观察记录表等。使用这些表格可以帮助教师对孩子的情况进行简单的记录,帮助教师在观察结束后进行分析解码。

不管是信息化的工具还是传统的观察记录方法,都需要根据实际情况来选择适宜的工具,如在数学区,教师在进行观察的同时还需要进行指导,还有专门的观察记录表格,那么教师在使用表格时,如果觉得有需要进一步对孩子进行分析,还可以使用一些现代化的手段,如利用摄像机把孩子的操作过程录制下来,过后再根据视频进行分析。

所有的观察记录工具最终都是为了观察,各种工具之间相辅相成,哪种手段更利于观察就选用哪种手段,根据具体的情况适当地选择。观察记录能够自然真实且简洁明了地说明问题即可,切忌拖沓啰嗦。

三、常用的观察记录方法

1. 文字记录

文字记录是教师经常使用的记录方法,简单地说就是用文字记录下孩子的行为,教学反思、观察日志等都属于文字记录。

文字记录按照内容及针对性程度,又可以分成叙事记录法、取样记录法等。

叙事记录是概括性记录,即在一段时间内观察幼儿行为,在活动时或者活动之后用文字记录下来。如表5-1:

表5-1 叙事记录法

观察对象:琳琳

观察者:××老师

观察记录:琳琳很聪明,记忆力非常好。老师讲过的故事,她只要听一遍就能复述;上课回答问题都能答到要点;她情感丰富,会时不时地过来亲一亲老师,表示对老师的喜欢……

镜头一：小朋友一起坐好等爸爸妈妈来接，可琳琳一会儿摸摸玩具架子，一会儿看看衣柜里的东西，一会儿摸摸小朋友的头发，一刻都闲不下来。

镜头二：老师请她帮忙扔一张废纸，琳琳嘴里说着"好吧"，然后像小鸟一样在教室里绕个大圈跑到垃圾桶前，把那张废纸撕扯了一番，集体活动的音乐响了很久，才把废纸放进垃圾桶。

镜头三：户外活动时，琳琳跑到我身边，说有悄悄话要和我说。当我低下身子听她说悄悄话时，她却亲了我一下，说："我喜欢你。"然后就跑了。

　　取样记录法是针对性比较强的记录法，只记录预先计划的内容，包括时间取样法和事件取样法。鉴于事件取样法的易操作性，因此特别适合一线教师使用。事件取样法主要用于研究某种特定行为出现的条件或者出现的频率，例如在数学区中孩子在操作学具"小猫钓鱼"时，教师就应观察孩子对这套学具的关注度以及所有的孩子的行为；又如在社会性方面，记录孩子的攻击性行为，与攻击性行为无关的如操作学具的行为等就不用记录。事件取样法的优点主要有：一方面，该方法能够保持事件或者行为的完整性，有利于之后的分析；另一方面，由于事先对所要观察的行为有所界定，因此与其他方法相比，观察较为客观。[①] 如表5-2：

表5-2　事件取样法

观察对象：小歌

观察对象年龄：五岁半

观察时间：××年10月16日下午

观察地点：睡室—操场

观察记录者：××老师

观察过程：

当班老师说："小朋友快起来，现在是消防演习，快往操场上跑。"小朋友听到老师的口令以后都急急忙忙往操场跑，这时，小歌刚起床站在地上，老师就请她快往操场跑，她跑下楼，然后含着眼泪慌张地站在楼梯口四处张望，同伴从她身边经过，她都没注意，还是不知所措地在楼梯口徘徊，大约两分钟，老师看到了她，就把她领回班上的队伍里，这时她的心才安定下来。

2. 信息化记录

　　信息化记录，顾名思义就是用信息化的工具把孩子的行为记录下来。将孩子

[①] Janice J. Beaty. 幼儿发展的观察与评价[M]. 郑福明，费广洪，译. 北京：高等教育出版社，2011：44.

的活动完整地记录下来,便于教师在事后进行详细的研究。这种记录不受人脑记忆的限制,不会出现遗漏现象。它能真实还原场景,而且可以反复播放以便于深度研究。

3. 作品取样记录

作品取样记录就是将孩子的作品保存下来并进行分析研究,幼儿作品诸如绘画作品、手工作品、活动照片、用视听媒介记录的幼儿作品(音频、视频、照片)等,都可以帮助教师对孩子进行分析(如图5-2所示)。

4. 量表记录

量表记录在区域操作过程中是很常见的,包含了事先设定的一系列的项目标准,教师通过观察并记录孩子的操作,分析掌握孩子的基本发展情况以及全班孩子的整体发展

图5-2　幼儿正在绘画

状况,教师可以根据幼儿园的设计情况和需要设计量表。例如高瞻课程体系曾设计了幼儿观察记录(COR),包含主动性、社会关系等六个维度和32个项目、5个发展层次,教师可以根据该等级评定量表记录幼儿生活行为表现的片段,参照COR维度、项目、层次区分和判断幼儿的表现。我们园根据《指南》的相关内容制定了适合我园实际情况的观察量表,现将实例展示如下(表5-3、表5-4、表5-5)。

表5-3　幼儿发展评价量表(小班)

观察对象:杰杰　　年龄:3岁5个月(小班)				
领域	指南要点	行为目标	幼儿实际行为	观察途径
健康	身心状况	1. 具有健康的体态	1. 身高和体重适宜; 2. 在提醒下,能自然坐直站直	1. 个头不高,皮肤黝黑; 2. 坐姿端正; 3. 排队时喜欢模仿解放军站立	1. 进餐时(生活区); 2. 体育活动时(运动区)
		2. 情绪安定愉快	1. 情绪比较稳定,很少因为一点小事哭闹不止; 2. 不高兴时能	1. 喜欢上幼儿园,没有哭闹; 2. 有时也会因为一些自己	1. 回园时(生活区); 2. 自己更换衣服时(生活区)

领域	指南要点	行为目标	幼儿实际行为	观察途径
		听从成人的哄劝,较快地平静下来	无法做到的事情(如穿鞋子、脱衣服)而急得掉眼泪	
	3. 具有一定的适应能力	1. 能在较热或较冷的户外环境中活动; 2. 换新环境时情绪能较快稳定,睡眠饮食基本正常; 3. 在帮助下能较快适应集体生活	1. 喜欢户外运动,常常玩得一身大汗; 2. 能安静地午睡; 3. 会自己吃饭,不用老师喂,不挑食; 4. 喜欢小四班,回家后会讲述幼儿园发生的故事	1. 体育活动时(运动区); 2. 午餐和午睡时(生活区); 3. 回家后(社会区)
动作发展	1. 具有一定的平衡能力,动作协调、灵敏	1. 能沿地面直线或在较窄的低矮物体上走一段距离; 2. 能双脚灵活交替上下楼梯; 3. 能身体平稳地双脚连续向前跳; 4. 四散跑时能躲避他人的碰撞; 5. 能双手向上抛球	1. 可以独立走在地面的直线上,但走在低矮的物体上就需要老师帮助和保护; 2. 小手扶着楼梯的扶手,一步一步地上下楼梯,走的速度比较慢,还需要多加练习; 3. 模仿小兔子连续跳,落地动作不够平	1. 体育活动时(运动区); 2. 上下楼梯时(生活区)

领域	指南要点	行为目标	幼儿实际行为	观察途径
			稳,身体会向前扑; 4. 喜欢玩躲避小羊的游戏,能灵活地躲避"羊角球"; 5. 比较害怕玩抛接球游戏,手眼的协调能力不够	
	2. 具有一定的力量和耐力	1. 能双手抓杠悬空吊起10秒左右; 2. 能单手将沙包向前投掷2米左右; 3. 能单脚连续向前跳2米左右; 4. 能快跑15米左右; 5. 能行走1公里左右(途中可适当歇歇、停停)	1. 能用力地将沙包投掷进呼啦圈里; 2. 单脚模仿小羊跳,只能向前跳几步; 3. 和小朋友进行跑步比赛,速度比较慢; 4. 在秋游活动中能背起小书包坚持自己走	1. 体育活动时(运动区); 2. 秋游活动时(社会区)
	3. 手的动作灵活协调	1. 能用笔涂涂画画; 2. 能熟练地用勺子吃饭; 3. 能用剪刀沿直线剪,边线基本吻合	1. 喜欢用蜡笔和水彩笔自己涂涂画画,握笔姿势还要不断纠正; 2. 能自己拿勺子吃饭,也尝试用筷子夹菜;	1. 美工活动时(美工区); 2. 进餐时(生活区)

续　表

领域	指南要点	行为目标	幼儿实际行为	观察途径
			3. 在美工活动中,学习用剪刀"剪面条",能把"面条"剪出来,但比较短	
生活习惯与生活能力	1. 具有良好的生活与卫生习惯	1. 在提醒下,按时睡觉和起床,并能坚持午睡; 2. 喜欢参加体育活动; 3. 在引导下不偏食、挑食。喜欢吃瓜果、蔬菜等新鲜食品; 4. 愿意饮用白开水,不贪喝饮料; 5. 不用脏手揉眼睛,连续看电视不超过15分钟; 6. 在提醒下,每天早晚刷牙	1. 在幼儿园的午睡越来越好,睡的时间也长了,不再趴着睡,起床后不会闹情绪,还尝试自己叠被子; 2. 胃口越来越好,肉类、蔬菜都喜欢,很喜欢吃水果,主动要求添多一些; 3. 喝水不用老师督促,每次都能喝完一大杯; 4. 看电视或电子产品比较有节制,能在大人的提醒下看一段时间就休息; 5. 有良好的卫生习惯,坚持刷牙,午睡前还会自觉漱口	1. 午睡时(生活区); 2. 进餐时(生活区); 3. 喝水时(生活区)

领域		指南要点	行为目标	幼儿实际行为	观察途径
		2. 具有基本的生活自理能力	1. 在提醒下,饭前便后能洗手; 2. 在帮助下能穿脱衣服或鞋袜; 3. 能将玩具和图书放回原处	1. 很爱干净,会自己用洗手液洗手; 2. 努力学习自己穿脱衣服、拉拉链、扣扣子,有时需要老师帮忙; 3. 喜欢看图书,餐后会自己拿图书阅读	1. 洗手时(生活区); 2. 更换衣服时(生活区); 3. 餐后活动(阅读区)
		3. 具备基本的安全知识和自我保护能力	1. 不跟陌生人走,不吃陌生人给的东西; 2. 在提醒下能注意安全,不做危险的事; 3. 在公共场所走失时,能向警察或有关人员说出自己的名字、家庭地址、家长的名字或电话号码	1. 认真倾听老师介绍安全知识,知道不能跟陌生人走,不吃陌生人的东西; 2. 知道哪些行为是危险的; 3. 知道遇到危险或困难可以找警察叔叔,但家长的信息还是没办法记得	1. 教师开展安全教育时(社会区); 2. 日常交谈时(社会区)
语言	听与说	1. 认真听并能听懂常用语言	1. 别人对自己说话时能注意听并做出回应; 2. 能听懂日常会话	在和同伴、老师的交往中,能大方地表达自己的想法,并知道别人在说什么	1. 自由活动时(社会区); 2. 和老师交谈时(生活区)

领域	指南要点	行为目标	幼儿实际行为	观察途径
	2. 愿意讲话并能清楚地表达	1. 愿意在熟悉的人面前说话,能大方地与人打招呼; 2. 愿意表达自己的需要和想法,必要时配以手势动作; 3. 能口齿清楚地说儿歌、童谣或复述简短的故事	1. 每天早上回园时都能用响亮的声音有礼貌地和老师、小朋友打招呼; 2. 和老师讲述周末的生活时会手舞足蹈,非常生动; 3. 喜欢儿歌,回家后主动念给家人听,虽然暂时还不会用普通话讲述故事; 4. 喜欢老师表演的儿歌,会表情丰富地跟着表演; 5. 喜欢参与语言区的活动,和小朋友合作讲述	1. 早上来园时(生活区); 2. 和老师交谈时(生活区); 3. 分区时(语言区)
	3. 具有文明的语言习惯	1. 与别人讲话时知道眼睛要看着对方; 2. 说话自然,声音大小适中; 3. 能在成人的提醒下使用恰当的礼貌用语	1. 说话有时会比较着急,声调容易提高; 2. 当有请求时会有礼貌地表达自己的意愿,也会主动说"谢谢"、"再见"等礼貌用语	1. 与老师、同伴交往时(生活区); 2. 语言区合作讲述时(语言区)

领域		指南要点	行为目标	幼儿实际行为	观察途径
阅读和书写准备		1. 喜欢听故事、看图书	1. 经常主动要求成人讲故事、读图书； 2. 喜欢跟读韵律感强的儿歌、童谣； 3. 爱护图书，不乱撕乱扔	1. 喜欢老师陪着读图书，常常要求老师给自己讲故事； 2. 爱护图书，常常说图书是自己的好朋友，当小朋友争抢图书时会告诉老师	1. 到图书室阅读图书时（阅读区）； 2. 餐后阅读时（生活区）
		2. 具有初步的阅读理解能力	1. 能听懂短小的儿歌或故事； 2. 会看画面，能根据画面说出图中有什么，发生了什么事等； 3. 能理解图书上的文字是和画面对应的，是用来表达画面意义的	1. 喜欢边看图书边描述图画的内容，有自己的想法； 2. 还不认识文字，但老师讲述的时候会认真听讲	1. 到阅读区看图书时（阅读区）； 2. 餐后阅读时（生活区）
		3. 具有书面表达的愿望和初步技能	1. 喜欢用涂涂画画表达一定的意思； 2. 尝试正确握笔	开始尝试拿蜡笔绘画，但握笔的姿势不正确	在美工区绘画时（美工区）
社会	人际交往	1. 喜欢交往	1. 喜欢和小朋友一起游戏； 2. 喜欢与熟悉	1. 参与各项活动的积极性提高了，开始	1. 音乐活动时（音乐区）； 2. 体育活动时

领域	指南要点	行为目标	幼儿实际行为	观察途径
		的长辈一起活动	喜欢唱歌、跳舞； 2. 玩体育游戏时非常投入、开心； 3. 自由活动时，有很多小朋友围坐在他身边； 4. 喜欢老师，会主动和老师聊天	（运动区）； 3. 自由活动时（社会区）； 4. 与老师交谈时（生活区）
	2. 能与同伴友好相处	1. 想加入同伴的游戏时，能友好地提出请求； 2. 在成人指导下，不争抢、不独霸玩具； 3. 与同伴发生冲突时，能听从成人的劝解	1. 自由活动时会主动找朋友交换玩具； 2. 刚进园时会非常紧张自己的玩具，在老师的引导下，开始大方地和好朋友分享； 3. 偶尔与好朋友发生矛盾时，会急得大哭，但老师安抚后能耐心听劝解，再想办法解决问题	自由活动时（社会区）
	3. 具有自尊、自信、自主的表现	1. 能根据自己的兴趣选择游戏或其他活动；	1. 喜欢户外运动，每项运动都积极参与； 2. 放学前收拾	1. 体育活动时（运动区）； 2. 放学前收拾

续　表

领域	指南要点	行为目标	幼儿实际行为	观察途径
		2. 为自己的行为或活动成果感到高兴； 3. 自己能做的事情，愿意自己做； 4. 喜欢承担一些小任务	2. 老师请他帮忙收拾杯子时，会非常开心； 3. 能自己动手收拾书包，越做越好	杯子（生活区）； 3. 收拾书包时（生活区）
	4. 关心尊重他人	1. 长辈讲话时能认真听，并能听从长辈的要求； 2. 身边的人生病或不开心时表示同情； 3. 在提醒下能做到不打扰别人	1. 得知杨老师生病后，会主动关心杨老师还有没有发烧，也会非常懂事地自己做所有的事情，不用老师帮忙； 2. 开学初，当个别小朋友闹情绪，能主动安慰他人，并告诉小朋友妈妈下午就来接	1. 与老师相处时（社会区）； 2. 与同伴相处时（社会区）
社会适应	1. 喜欢并适应群体生活	1. 对群体活动有兴趣； 2. 对幼儿园的生活好奇，喜欢上幼儿园	喜欢幼儿园的生活，周末也惦记着老师和小朋友，常常说"我们小四班"	日常生活反馈
	2. 遵守基本的行为规范	1. 在老师的提醒下，能遵守游戏和公共	1. 外出参加秋游前，能认真听老师讲秋	1. 秋游活动时（社会区）； 2. 日常与同伴

领域	指南要点	行为目标	幼儿实际行为	观察途径
		场所的规则； 2. 知道不经允许不能拿别人的东西，借别人的东西要归还； 3. 爱护玩具和其他物品	游的注意事项。活动当天也能听从老师的指挥，跟随集体活动； 2. 能有礼貌地向好朋友借玩具，玩完后就还给好朋友； 3. 发现没有收拾好的玩具会主动帮忙，玩具能按标志放回原位	相处时（生活区）； 3. 第二次分区时（益智区、建构区、娃娃家）
		3. 具有初步的归属感	1. 知道和自己一起生活的家庭成员及与自己的关系，体会到自己是家庭的一员； 2. 能感受到家庭生活的温暖，爱父母，亲近与信赖长辈； 3. 能说出自己家所在街道、小区（乡镇、村）的名称； 4. 认识国旗，知道国歌	1. 为自己成为哥哥感到很开心，常常说起弟弟的事情，很爱弟弟，也会帮忙照顾弟弟； 2. 对爷爷、奶奶比较依赖，喜欢跟随老人外出活动	讲述家里的故事时（生活区、社会区）

领域		指南要点	行为目标	幼儿实际行为	观察途径
科学	科学探究	1. 亲近自然，喜欢探究	1. 喜欢接触大自然，对周围的很多事物和现象感兴趣； 2. 经常问各种问题，或好奇地摆弄物品	1. 外出游玩时会提出各种各样的问题，对很多植物都感兴趣； 2. 看见喜欢的花草会蹲下来观察	1. 外出活动时（生活区）； 2. 观察植物时（科学区）
		2. 具有初步的探究能力	1. 对感兴趣的事物能仔细观察，发现其明显特征； 2. 能用多种感官或动作去探索物体，关注动作所产生的结果	喜欢研究玩具小车轮子的转动，会趴在地上观察车轮	玩玩具时（生活区）
		3. 在探究中认识周围事物和现象	1. 认识常见的动植物，能注意并发现周围的动植物是多种多样的； 2. 能感知和发现物体和材料的软硬、光滑和粗糙等特性； 3. 能感知和体验天气对自己生活和活动的影响； 4. 初步了解和体会动植物对人类的贡献	1. 喜欢观察小乌龟，主动跟小乌龟问好； 2. 和老师、小朋友一起玩捡树叶的游戏，感受秋天树叶的飘落	1. 早上来园时（生活区）； 2. 玩捡树叶游戏时（休闲区）

领域	指南要点	行为目标	幼儿实际行为	观察途径
数学认知	1. 初步感知生活中数学的有用和有趣	1. 感知和发现周围物体的形状是多种多样的,对不同形状的事物感兴趣; 2. 发现生活中很多地方都会用到数	1. 会操作小动物分饼干的学具,知道三角形、正方形、圆形等; 2. 拿葡萄时会自己数3颗	1. 玩数学学具时(数学区); 2. 分水果时(生活区)
	2. 感知和理解数、量及数量关系	1. 能感知和区分物体的大小、多少、高矮等方面的特点,并能用相应的词表示; 2. 能通过一一对应的方法比较两组物体的多少; 3. 能手口一致地点数5个以内的物体,并能说出总数,能按数取物; 4. 能用数词描述事物或动作,如我有4本图书	1. 放玩具时能说出是放在高柜子还是矮柜子; 2. 会按照每次4张椅子的数量摆放椅子; 3. 认真操作数学区的排序类、点数类学具	1. 收拾学具时(数学区、语言区、美工区); 2. 摆放椅子时(生活区); 3. 分区时(数学区)
	3. 感知形状与空间关系	1. 能注意物体较明显的形状特征,并能用自己的语	1. 会操作数学区的小商店学具,知道小商店的物品	1. 分区时(数学区); 2. 观察事物时(生活区)

领域	指南要点	行为目标	幼儿实际行为	观察途径
		言描述； 2. 能感知物体基本的空间位置与方位，理解上下、前后、里外等方位词	摆放位置； 2. 对于事物的特征描述还是较为欠缺	
艺术	感受与欣赏	1. 喜欢自然界与生活中美的事物	1. 喜欢观看花草树木、日月星空等大自然中美的事物； 2. 容易被自然界中的鸟鸣、风声、雨声等好听的声音所吸引	1. 看见漂亮的事物会主动称赞，也感到很开心； 2. 比较害怕下雨声	散步时（休闲区）
		2. 喜欢欣赏多种多样的艺术形式和艺术作品	1. 喜欢听音乐或观看舞蹈、戏剧等表演； 2. 喜欢观看绘画、泥塑或其他艺术形式的作品	喜欢看木偶剧表演，但对里面一些个性鲜明的角色比较害怕	观看木偶剧表演时（娱乐区）
	表现与创造	1. 喜欢进行艺术活动并大胆表现	1. 经常自哼自唱，喜欢模仿有趣的动作、表情和声调； 2. 经常涂涂画画、粘粘贴贴并乐在其中	1. 刚进园时不喜欢唱歌和跳舞，听到音乐就很抗拒，但经过一段时间后，杰杰开始投入到音乐中，会按	1. 音乐活动时（音乐区）； 2. 美工活动时（美工区）

领域	指南要点	行为目标	幼儿实际行为	观察途径
			音乐的节奏手舞足蹈起来，进步很大； 2. 喜欢参与美工活动,玩颜料、黏贴游戏都玩得很开心	
	2. 具有初步的艺术表现与创造能力	1. 能模仿学唱短小歌曲； 2. 能跟随熟悉的音乐做身体动作； 3. 能用声音、动作、姿态模拟自然界的事物和生活情景； 4. 能用简单的线条和色彩大体画出自己想画的人或事物	1. 唱歌的声音越来越响亮，表情很丰富； 2. 听到集中音乐时会做动作； 3. 模仿小火车、消防车、小飞机发出的声音，并感到快乐； 4. 会画简单的线条	1. 音乐活动时（音乐区）； 2. 自由活动时（社会区）； 3. 美工活动时（美工区）

表5-4 幼儿发展评价量表(中班)

观察对象：丁丁 年龄：4岁8个月(中班)				
领域	指南要点	行为目标	幼儿实际行为	观察途径
健康 身心状况	1. 具有健康的体态	1. 身高和体重适宜； 2. 在老师提醒下,能保持正确的站坐和行走姿势	个头稍矮小,不胖也不瘦;吃饭时喜欢挨着椅背	1. 体育活动时（运动区）； 2. 进餐时(生活区)

续　表

领域		指南要点	行为目标	幼儿实际行为	观察途径
		2. 情绪安定愉快	1. 经常保持愉快的情绪,不高兴时能较快缓解; 2. 需要不能满足时能够接受解释,不乱发脾气; 3. 愿意把自己的情绪告诉亲近的人,一起分享快乐或求得安慰	刚上中班时回园有点闹,老师安慰他后能很快安静下来。第三周开始回园及在园活动都是开开心心的	回园时(生活区)
		3. 具有一定的适应能力	1. 能在较热或较冷的户外环境中连续活动半小时左右; 2. 换新环境时较少出现身体不适; 3. 能较快适应人际环境中发生的变化,如换了新老师能较快适应	1. 有鼻敏感症状,偶尔会打喷嚏、流鼻涕; 2. 对班上新来的老师感兴趣,会经常提问题,喜欢和老师聊天	日常生活(全天)
动作发展		1. 具有一定的平衡能力,动作协调、灵敏	1. 能在较窄的低矮物体上平稳地走一段距离; 2. 能以匍匐、膝盖悬空等多	1. 平衡杆较好,能快速地走过独木桥,并且灵活地在轮胎上走动; 2. 很喜欢运动,	体育运动中(运动区)

领域	指南要点	行为目标	幼儿实际行为	观察途径
		种方式钻爬； 3. 能助跑跨跳过一定距离，或助跑跨跳过一定高度的物体； 4. 能与他人玩追逐、躲闪跑的游戏； 5. 能连续自抛自接球	跑动起来感觉很轻快； 3. 对于各种运动技能掌握得较快，在玩躲避球的游戏中，能及时快速地躲避袭击，反应灵敏	
	2. 具有一定的力量和耐力	1. 能双手抓杠悬空吊起15秒左右； 2. 能单手将沙包向前投掷4米左右； 3. 能单脚连续向前跳5米左右； 4. 能快跑20米左右； 5. 能连续行走1.5公里左右（途中可适当停歇）	能灵活地攀爬攀登架，持物走跑都比较灵活且速度快。扔沙包时能扔得比较远，比较高。亲子登山（白云山）过程中，能自己走完全程，而且速度不慢	登山活动（亲子活动）
	3. 手的动作灵活协调	1. 能边线较直地画出简单的图形，或能边线基本对齐地折纸； 2. 能用筷子吃饭；	1. 会用筷子吃饭，不算很熟练； 2. 会用剪刀沿线剪出一厘米宽的纸条	1. 进餐时（生活区）； 2. 剪面条（美工活动）

领域	指南要点	行为目标	幼儿实际行为	观察途径
		3. 能沿轮廓线剪出由直线构成的简单图形,边线吻合		
生活习惯与生活能力	1. 具有良好的生活与卫生习惯	1. 每天按时睡觉和起床,并能坚持午睡; 2. 喜欢参加体育活动; 3. 不偏食、挑食,不暴饮暴食。喜欢吃瓜果、蔬菜等新鲜食品; 4. 常喝白开水,不贪喝饮料; 5. 知道保护眼睛,不在过强或过暗的地方看书,连续看电视不超过20分钟; 6. 每天早晚刷牙且方法基本正确	1. 午睡比较迟入睡,睡眠过程中比较容易醒; 2. 不喜欢吃茄子; 3. 喜欢看书,知道要保护眼睛,偶尔会忘记; 4. 在督促下会认真刷牙; 5. 喜欢跑跳攀爬游戏,做体育运动时很投入	1. 午睡晚睡时(生活区); 2. 进餐时(生活区); 3. 阅读区; 4. 生活区
	2. 具有基本的生活自理能力	1. 饭前便后能主动洗手,方法正确; 2. 能自己穿脱衣服和鞋袜、扣纽扣;	1. 有时需要提醒才记得洗手; 2. 能够较快地穿脱衣服和鞋袜,扣纽扣	生活区

领域	指南要点	行为目标	幼儿实际行为	观察途径
		3. 能整理自己的物品	的动作稍慢； 3. 整理物品较随意，把东西塞进书包就好了	
	3. 具备基本的安全知识和自我保护能力	1. 在公共场合不远离成人的视线单独活动； 2. 认识常见的安全标志，能遵守安全规则； 3. 运动时能主动躲避危险； 4. 知道简单的求助方式	1. 知道要注意安全，防范陌生人，认识常见的一些安全标志，如逃生通道等； 2. 知道简单的报警电话	1. 消防安全活动（社会区）； 2. 散步时（生活区）； 3. 日常聊天过程中（生活区）
语言 听与说	1. 认真听并能听懂常用语言	1. 在群体中能有意识地听与自己有关的信息； 2. 能结合情境感受不同语气、语调所表达的不同意思； 3. 少数民族幼儿能基本听懂普通话	1. 听到老师叫到自己名字时能很快反应过来，并注意倾听。乐于表达自己的看法，会主动发言； 2. 普通话发音不够清晰，偶尔有广州话口音	1. 语言活动（语言区）； 2. 小组活动； 3. 日常聊天、交流时（生活区）

领域	指南要点	行为目标	幼儿实际行为	观察途径
	2. 愿意讲话并能清楚地表达	1. 愿意与他人交谈,喜欢谈论自己感兴趣的话题; 2. 基本能进行普通话的日常对话。少数民族的幼儿愿意学说普通话; 3. 能基本完整地讲述自己的所见所闻和经历过的事情; 4. 讲述比较连贯	1. 喜欢说自己在假期的旅游见闻,还有喜欢的玩具和电视节目等。语句表达比较通顺,流利; 2. 以广州话为主,听得懂普通话,也乐于开口讲,但是发音不够清晰	1. 聊天时(生活区); 2. 见闻分享会(语言区)
	3. 具有文明的语言习惯	1. 别人对自己讲话时能回应; 2. 能根据不同场合调节自己说话声音的大小; 3. 能主动使用礼貌用语,不说脏话、粗话	1. 会有礼貌地回应别人的问话。偶尔有情绪时也会不理睬别人; 2. 知道分区活动时要控制音量; 3. 基本上会有礼貌地问好及回应,有时需要提醒	日常活动(全天)

领域	指南要点	行为目标	幼儿实际行为	观察途径
阅读和书写准备	1. 喜欢听故事,看图书	1. 经常反复看自己喜欢的图书; 2. 喜欢把听过的故事或看过的图书讲给别人听; 3. 对生活中常见的标识、符号感兴趣,知道它们表示的意义	1. 喜欢看图书,但不会反复看。尤其喜欢看与汽车、枪械有关的书籍; 2. 喜欢看车标图,对各种车的品牌非常熟悉	阅读区
	2. 具有初步的阅读理解能力	1. 能大体讲出所听故事的主要内容; 2. 能根据连续画面提供的信息,大致说出故事的情节; 3. 能随着作品的展开产生喜悦、担忧等相应的情绪反应,体会作品所表达的情绪情感	1. 喜欢听故事,能简单复述故事的内容; 2. 在语言区能结合故事内容有感情地进行游戏扮演	1. 转换环节(生活区); 2. 语言区
	3. 具有书面表达的愿望和初步技能	1. 愿意用图画和符号表达自己的愿望和想法; 2. 在成人提醒下,写写画画时姿势正确	能大胆地进行绘画,也乐于用画画来表达自己看过的东西	1. 美工区; 2. 日记画(生活区)

续　表

领域		指南要点	行为目标	幼儿实际行为	观察途径
社会	人际交往	1. 喜欢交往	1. 喜欢和小朋友一起玩游戏,有经常一起玩的小伙伴; 2. 喜欢和长辈交谈,有事愿意告诉长辈	1. 性格比较大方爽朗,很多孩子喜欢和他一起玩; 2. 遇到不会的问题总是寻求帮助,询问时也会乐意说明情况	1. 自由活动; 2. 建构活动
		2. 能与同伴友好相处	1. 会运用介绍自己、交换玩具等简单的技巧加入同伴游戏; 2. 对大家都喜欢的东西能轮流分享; 3. 与同伴发生冲突时,能在他人的帮助下和平解决; 4. 活动时愿意接受同伴的意见和建议; 5. 不欺负弱小	1. 愿意分享自己的玩具,对于同伴的玩具也能用友好的方式借来玩; 2. 有矛盾时会争取自己的利益,有时会尝试说服对方,但有时也会妥协	1. 自由活动; 2. 合作游戏时
		3. 具有自尊、自信、自主的表现	1. 能按自己的想法进行游戏或展开其他活动; 2. 知道自己的优点和长处,对自己感到满意;	1. 有时会主导一些游戏,与同伴合作时常占主导地位; 2. 知道自己体育方面较好,乐于帮助其	1. 自由活动; 2. 体游时; 3. 生活环节

续　表

领域	指南要点	行为目标	幼儿实际行为	观察途径
		3. 自己的事情尽量自己做,不喜欢依赖别人; 4. 敢于尝试有一定难度的活动和任务	他能力较差的孩子练习; 3. 能做到自己的事情自己做	
	4. 关心尊重他人	1. 会用礼貌的方式向长辈表达自己的要求和想法; 2. 能注意到别人的情绪,并有关心、体贴的表现; 3. 知道父母的职业,能体会到父母为养育自己所付出的辛劳	1. 会关心照顾妹妹; 2. 看到老师手上贴了创可贴,会问发生了什么事情,还会说:"那以后要小心啊"	日常交谈时了解到的信息
社会适应	1. 喜欢并适应群体生活	1. 愿意并主动参加群体活动; 2. 愿意与家长一起参加社区的群体活动	喜欢外出旅行,能与同伴很好相处	外出活动时
	2. 遵守基本的行为规范	1. 感受规则的意义,并能基本遵守规则; 2. 不私自拿不属于自己的	1. 会遵守游戏规则,知道一些基本的社会公德; 2. 知道要节约	1. 外出活动时; 2. 进餐环节

领域	指南要点	行为目标	幼儿实际行为	观察途径
		东西； 3. 知道说谎是不对的； 4. 知道接受了任务一定要完成； 5. 在提醒下能节约粮食、水电等	粮食，但不喜欢的食物还是会有点浪费	
	3. 具有初步的归属感	1. 喜欢自己所在的幼儿园和班级，积极参加集体活动； 2. 能说出自己家所在地的省、市、县（区）名称，知道当地有代表性的物产或景观； 3. 知道自己是中国人； 4. 奏国歌、升国旗时能自动站好	1. 喜欢幼儿园和同伴，乐意参与集体活动； 2. 能说出自己的住址； 3. 对自己是中国人很有自豪感； 4. 升国旗时会看着国旗并唱国歌	1. 集体活动中； 2. 日常交流时
科学	科学探究	1. 亲近自然，喜欢探究	1. 喜欢接触新事物，经常问一些与新事物有关的问题； 2. 常常动手动脑探索物体	1. 喜欢新事物，老师讲新内容时会主动地往前靠，很认真地听讲，但不喜欢的内容也会开	1. 分区活动； 2. 小组活动

领域	指南要点	行为目标	幼儿实际行为	观察途径
		和材料,并乐在其中	小差或者有一些小动作; 2. 喜欢探索类的活动,动手能力强	
	2. 具有初步的探究能力	1. 能对事物或现象进行观察比较,发现其相同与不同之处; 2. 能根据观察结果提出问题,并大胆猜测答案; 3. 能通过简单的调查收集信息; 4. 能用图画或其他符号进行记录	1. 喜欢观察事物,能发现一些不同的东西,如回潮天的时候,窗户上会起雾气等; 2. 会对不熟悉的东西进行猜测,说出自己的想法,而且会向同伴征求意见; 3. 在画画时会把自己看到的"东风螺"画下来	1. 日常生活; 2. 散步环节
	3. 在探究中认识周围的事物和现象	1. 能感知和发现动植物的生长变化及其基本条件; 2. 能感知和发现常见材料的溶解、传热等性质; 3. 能感知和发现简单的物	1. 知道班级环境的新变化,能够根据分区活动的区域划分来摆好桌椅; 2. 对手机很熟悉,会灵活使用,能够拨打自己父母的	1. 日常活动; 2. 分区环节; 3. 日常交流

133

领域	指南要点	行为目标	幼儿实际行为	观察途径
		理现象,如物体形态或位置变化等; 4. 能感知和发现不同季节的特点,体验季节对动植物和人的影响; 5. 初步感知常用科技产品与自己生活的关系,知道科技产品有利也有弊	电话; 3. 熟悉手机游戏,能够下载自己喜欢的游戏,知道要少玩游戏,保护眼睛	
数学认知	1. 初步感知生活中数学的有用和有趣	1. 在指导下感知和体会有些事物可以用形状来描述; 2. 在指导下感知和体会有些事物可以用数来描述的,对环境中各种数字的含义有进一步探究的兴趣	1. 在对实物图片进行按形状分类时,能正确区分生活中物品的形状,如门是长方形,时钟有方形有圆形等; 2. 喜欢数字游戏	1. 数学区; 2. 日常生活
	2. 感知和理解数、量及数量关系	1. 能感知和区分物体的粗细、长短、厚薄、轻重等方	1. 会区分书本的不同厚度,能够辨别并说出木棍的	1. 数学区; 2. 日常生活

领域	指南要点	行为目标	幼儿实际行为	观察途径
		面的特点，并能用相应的词语描述； 2. 能通过数数比较两组物体的多少； 3. 能通过实际操作理解数与数之间的关系，如 5 比 4 多 1；2 和 3 合在一起是 5； 4. 会用数词描述事物的顺序和位置	不同长短； 2. 能进行口手一致的点数，说出总数并比较多少； 3. 能够说出早操队伍中排在第几位的孩子是谁	
	3. 感知形状与空间关系	1. 能感知物体的形体结构特征，画出或拼搭出该物体的造型； 2. 能感知和发现常见几何图形的基本特征，并能进行分类； 3. 能使用上下、前后、里外、中间、旁边等方位词描述物体的位置和运动方向	1. 知道广州塔的外形特点，能画出广州塔，也能用积木进行拼搭； 2. 形状分类操作中，能够按照颜色、形状的特点快速地进行二维分类； 3. 玩捉迷藏游戏时能说出同伴躲的位置是在桌子下面或者沙发后面	1. 绘画活动； 2. 数学分区； 3. 游戏

续　表

领域	指南要点		行为目标	幼儿实际行为	观察途径
艺术	感受与欣赏	1. 喜欢自然界与生活中美的事物	1. 在欣赏自然界和生活环境中美的事物时,关注其色彩、形态等特征; 2. 喜欢倾听各种声音,感知声音的高低、长短、强弱等变化	1. 喜欢在后园小溪边散步,发现香蕉树上长出了香蕉后很兴奋; 2. 音乐活动时会根据鼓声的强弱做动作。能够用不同的声音唱出大钟和小表的音色变化	1. 散步活动; 2. 音乐活动
		2. 喜欢欣赏多种多样的艺术形式和艺术作品	1. 能够专心地观看自己喜欢的文艺演出或艺术品,有模仿和参与的愿望; 2. 欣赏艺术作品时会产生相应的联想和情绪反应	1. 看表演时很专注,会随着音乐舞动或者跟着主持人一起做简单的动作; 2. 乐于在大家面前表演	1. 日常活动; 2. 大型活动
	表现与创造	1. 喜欢进行艺术活动并大胆表现	1. 经常唱唱跳跳,喜欢参加歌唱、舞蹈、表演等活动; 2. 喜欢用绘画、捏泥、手工制作等方式表现自己的所见所想	1. 喜欢参加音乐活动,唱唱跳跳都很大方,知道控制音量唱好歌曲; 2. 喜欢画画,会把自己的想法画下来	1. 音乐活动; 2. 美工活动; 3. 日记画

领域	指南要点	行为目标	幼儿实际行为	观察途径
	2. 具有初步的艺术表现与创造能力	1. 能用自然的、音量适中的声音基本准确地唱歌； 2. 能通过即兴哼唱、即兴表演或给熟悉的歌曲编词来表达自己的心情； 3. 能用拍手、踏脚等身体动作或可敲击的物品敲打节拍和节奏； 4. 能运用绘画、手工制作等表现自己观察到或想象的事物	1. 会用自然的声音唱歌，不会大声喊叫； 2. 有时会自编歌词，唱歌时会手舞足蹈； 3. 节奏感强，拍手或敲击乐器都跟得上音乐节拍； 4. 喜欢想象，认为有外星人，还画出认为的外星人样貌及外形	1. 音乐活动； 2. 美工活动； 3. 日记画

表5-5　幼儿发展评价量表（大班）

观察对象：东东　年龄：5岁9个月

领域		指南要点	行为目标	幼儿实际行为	观察途径
健康	身心状况	1. 具有健康的体态	1. 身高和体重适宜； 2. 经常保持正确的站、坐和行走姿势	个头较高、壮实。走路较急	1. 日常； 2. 户外活动
		2. 情绪安定愉快	1. 经常保持愉快的情绪。	1. 能和同伴友好地相处，偶	1. 日常生活； 2. 家访时

领域	指南要点	行为目标	幼儿实际行为	观察途径
		知道引起自己消极情绪的原因,能努力化解; 2. 表达情绪的方式比较适度,不乱发脾气; 3. 能随着活动的需要较快地转换情绪和注意力	尔有矛盾会想办法解决; 2. 喜欢上幼儿园,家长反映暑假在家待久了就会问什么时候才上幼儿园啊; 3. 家访时很热情,喜欢和老师聊天	
	3. 具有一定的适应能力	1. 能在较热或较冷的户外环境中连续活动不少于半小时; 2. 天气变化时较少感冒,能适应车、船等交通工具造成的轻微颠簸; 3. 能较快融入新的人际关系环境。如换了新的幼儿园或班级能较快适应	1. 在户外游戏很投入,玩很久都不累; 2. 家长反映外出旅行不晕车、不晕船	1. 日常生活(全天); 2. 家访
动作发展	1. 具有一定的平衡能力,动作协调、灵敏	1. 能在斜坡、荡桥和有一定间隔的物体上较平稳地行走;	1. 特别喜欢玩大型攀爬类器械,动作灵活,能很快爬到顶端;	体育运动中(运动区)

领域	指南要点	行为目标	幼儿实际行为	观察途径
		2. 能以手脚并用的方式安全地爬攀登架、网等； 3. 能连续跳绳； 4. 能躲避他人滚过来的球或扔过来的沙包； 5. 能连续拍球	2. 平衡能力好，在平衡木上能快速双脚交替地行走。能左右手交替拍皮球，边运球边走能走一小段路。能灵活地翻过桌子，匍匐前进，动作协调	
	2. 具有一定的力量和耐力	1. 能双手抓杠悬空吊起 20 秒左右； 2. 能单手将沙包向前投掷 5 米左右； 3. 能单脚连续向前跳 8 米左右； 4. 能快跑 25 米左右； 5. 能连续行走 1.5 公里以上（途中可适当停歇）	1. 单脚跳能跳一段相当长的距离； 2. 春游活动时，总是带着同伴走在前面	1. 体育活动； 2. 春游（亲子活动）
	3. 手的动作灵活协调	1. 能根据需要画出图形，线条基本平滑； 2. 能熟练使用筷子； 3. 能沿轮廓线	1. 能灵活地用筷子吃饭，吃得不慢； 2. 喜欢做手工，能用剪刀剪纸杯花；	1. 进餐时（生活区）； 2. 美工活动； 3. 清洁劳动

领域	指南要点	行为目标	幼儿实际行为	观察途径
		剪出由曲线构成的简单图形,边线吻合且平滑; 4. 能使用简单的劳动工具或用具	3. 会用抹布擦桌子,从上往下很有规律	
生活习惯与生活能力	1. 具有良好的生活与卫生习惯	1. 养成每天按时睡觉和起床的习惯; 2. 能主动参加体育活动; 3. 吃东西时细嚼慢咽; 4. 主动饮用白开水,不贪喝饮料; 5. 主动保护眼睛。不在过强或过暗的地方看书,连续看电视不超过30分钟; 6. 每天早晚主动刷牙,方法正确	1. 睡眠情况好,入睡较快; 2. 基本不挑食,喜欢吃肉,吃东西有点急; 3. 喜欢看书、看电视,需要督促提醒看电视的时间; 4. 早晚会刷牙,监督下能够认真刷牙	1. 午睡晚睡时(生活区); 2. 进餐时(生活区); 3. 阅读区; 4. 生活区
	2. 具有基本的生活自理能力	1. 能根据天气冷热适当增减衣服; 2. 会自己系鞋带;	1. 能认真洗手,冬天较懒惰,怕冷; 2. 穿衣服动作快,会折好自	生活区

领域		指南要点	行为目标	幼儿实际行为	观察途径
			3. 能按类别整理好自己的物品	己的衣服； 3. 抽屉里的文具都按类别收好,比较整齐	
		3. 具备基本的安全知识和自我保护能力	1. 未经大人允许不给陌生人开门； 2. 能自觉遵守基本的安全规则和交通规则； 3. 运动时能避免给他人造成危险； 4. 知道一些基本的防灾知识	1. 知道不能给陌生人开门,不能跟陌生人走； 2. 知道过马路走人行道,看红绿灯等； 3. 能说出自己家里的地址和电话	1. 消防安全活动（社会区）； 2. 散步时(生活区)； 3. 日常聊天过程中(生活区)
语言	听与说	1. 认真听并能听懂常用语言	1. 在集体中能注意听老师或其他人讲话； 2. 听不懂或有疑问时能主动提问； 3. 能结合情境理解一些表示因果、假设等相对复杂的句子	1. 集体活动时专注地听老师讲,也喜欢发言,偶尔会插嘴； 2. 会告诉老师因为他喜欢运动,所以他长得高	1. 语言活动(语言区)； 2. 小组活动； 3. 日常聊天、交流时(生活区)

领域	指南要点	行为目标	幼儿实际行为	观察途径
	2. 愿意讲话并能清楚地表达	1. 愿意与他人讨论问题，敢在众人面前说话； 2. 会说普通话，发音正确、清晰。少数民族的幼儿会用普通话进行日常简单的对话； 3. 能有序、连贯、清楚地讲述一件事情； 4. 讲述时能使用常见的形容词、同义词等，语言比较生动	1. 广州话和普通话都说得很流利，能交替使用两种语言； 2. 喜欢聊天、讨论等，能说会道，发言大胆	1. 聊天时(生活区)； 2. 见闻分享会(语言区)
	3. 具有文明的语言习惯	1. 别人讲话时能积极主动地回应； 2. 能根据谈话对象和需要，调整说话的语气； 3. 懂得按次序轮流讲话，不随意打断别人； 4. 能依据所处的情境使用恰当的语言。如在别人悲伤时会用恰当的语言给予安慰	1. 同伴和他说话时会回答，有客人或老师提问时也会有礼貌地问好及回答； 2. 遇到感兴趣的问题，偶尔会插嘴	日常活动(全天)

领域	指南要点	行为目标	幼儿实际行为	观察途径
阅读和书写准备	1. 喜欢听故事,看图书	1. 经常专注地阅读图书; 2. 喜欢与他人一起谈论图书和故事的有关内容; 3. 在阅读图书和生活情境中对文字符号感兴趣,知道文字表示的意义	1. 喜欢看军事类图书,能说出很多武器装备的名称; 2. 熟悉很多汉字,能够自己阅读简单的绘本	阅读区
	2. 具有初步的阅读理解能力	1. 能说出所阅读的幼儿文学作品的主要内容; 2. 能根据故事的部分情节或图书画面的线索猜想故事情节的发展,或续编、创编故事; 3. 对看过的图书、听过的故事能说出自己的看法; 4. 能初步感受语言文学的美	1. 能够讲述军事方面的故事或看过的电影等; 2. 分区时会创设军事情景进行游戏	1. 转换环节(生活区); 2. 语言区
	3. 具有书面表达的愿望和初步技能	1. 愿意用图画和符号表现事物或故事;	1. 喜欢画飞机、枪、大炮等; 2. 能写出自己	1. 美工区; 2. 日记画(生活区)

领域	指南要点	行为目标	幼儿实际行为	观察途径
		2. 会正确地写自己的名字; 3. 写写画画时姿势正确	的名字,字写得比较大	
社会	人际交往	1. 喜欢交往	1. 有自己的好朋友,也喜欢结交新朋友; 2. 有问题愿意向别人请教; 3. 有高兴的或有趣的事愿意与大家分享	1. 有不少朋友,喜欢一起玩军事类游戏,像个小领导; 2. 有好玩的事情会兴奋地和同伴分享	1. 自由活动; 2. 建构活动
		2. 能与同伴友好相处	1. 能想办法吸引同伴和自己一起玩游戏; 2. 活动时能与同伴分工合作,遇到困难能一起克服; 3. 与同伴发生冲突时能协商解决; 4. 知道别人的想法有时和自己不一样,能倾听和接受别人的意见,不能接受时会说明理由; 5. 不欺负别人,也不允许别人欺负自己	1. 能吸引一些同样喜欢军事的男孩子一起玩; 2. 与同伴游戏过程中通常比较有话语权,但也会听取同伴的意见	1. 自由活动; 2. 合作游戏时

领域	指南要点	行为目标	幼儿实际行为	观察途径
	3. 具有自尊、自信、自主的表现	1. 能主动发起活动或在活动中出主意、想办法； 2. 做了好事或取得了成功后还想做得更好； 3. 自己的事情自己做，不会的愿意学； 4. 主动承担任务，遇到困难能够坚持而不轻易求助； 5. 与别人的看法不同时，敢于坚持自己的意见并说出理由	1. 通常都会主导军事类游戏，与同伴合作时常占主导地位； 2. 乐于帮助其他能力较差的孩子练习拍球、跳绳等； 3. 能做到自己的事情自己做	1. 自由活动； 2. 体游时； 3. 生活环节
	4. 关心尊重他人	1. 能有礼貌地与人交往； 2. 能关注别人的情绪和需要，能给予力所能及的帮助； 3. 尊重为大家提供服务的人，珍惜他们的劳动成果； 4. 接纳、尊重与自己的生活方式或习惯不同的人	1. 会照顾来班上借读的特殊儿童，陪他一起玩； 2. 知道老师生病了，会告诉老师要多喝水	日常活动

领域	指南要点	行为目标	幼儿实际行为	观察途径
社会适应	1. 喜欢并适应群体生活	1. 在群体活动中积极、主动; 2. 对小学生活有好奇和向往	对小学很好奇,会问很多问题	外出活动时
	2. 遵守基本的行为规范	1. 理解规则的意义,能与同伴协商制定游戏和活动规则; 2. 爱护公物,用别人的东西时也知道爱护; 3. 做了错事敢于承认,不说谎; 4. 能认真负责地完成自己所接受的任务; 5. 爱护身边的环境,注意节约资源	1. 会遵守游戏规则,知道一些基本的社会公德; 2. 玩过的玩具会放回原位; 3. 知道要节约用电,节约用水	1. 外出活动时; 2. 进餐环节
	3. 具有初步的归属感	1. 愿意为集体做事,为集体的成绩感到高兴; 2. 能感受到家乡的发展变化并为此感到高兴; 3. 知道自己的民族,知道中	1. 喜欢幼儿园和同伴; 2. 能说出自己是广州人; 3. 看国际比赛时会为中国队加油; 4. 能说出不少关于神舟飞船的知识	1. 集体活动中; 2. 日常交流时

领域	指南要点	行为目标	幼儿实际行为	观察途径
		国是一个多民族的大家庭,各民族之间要互相尊重,团结友爱; 4. 知道一些国家的重大成就,热爱祖国,为自己是中国人感到自豪		
	1. 亲近自然,喜欢探究	1. 对自己感兴趣的问题总是刨根问底; 2. 能经常动手动脑寻找问题的答案; 3. 探索中有所发现时感到兴奋和满足	1. 喜欢军事类、太空类的内容,很专注; 2. 喜欢探索类的活动,动手能力强	1. 分区活动; 2. 小组活动
科学	科学探究			
	2. 具有初步的探究能力	1. 能通过观察、比较与分析,发现并描述不同种类物体的特征或某个事物前后的变化; 2. 能用一定的方法验证自己的猜测; 3. 在成人的帮	1. 发现纸盒也可以做成多米诺,会探索让纸盒倒下的办法,还会用小本子把方法记下来; 2. 会对不熟悉的东西进行猜测,说出自己的想法,而	1. 日常生活; 2. 散步环节

领域	指南要点	行为目标	幼儿实际行为	观察途径
		助下能制定简单的调查计划并执行； 4. 能用数字、图画、图表或其他符号记录； 5. 探究中能与他人合作与交流	且会向同伴征求意见	
	3. 在探究中认识周围事物和现象	1. 能察觉到动植物的外形特征、习性与生存环境的适应关系； 2. 能发现常见物体的结构与功能之间的关系； 3. 能探索并发现常见的物理现象产生的条件或影响因素，如影子、沉浮等； 4. 感知并了解季节变化的周期性，知道变化的顺序 5. 初步了解人们的生活与自然环境的密切关系，知道尊重和珍惜生命，保护环境	1. 会和家长一起设计班级课室； 2. 会使用电脑、平板等设备； 3. 知道季节，告诉老师他喜欢夏天，因为可以玩水； 4. 知道影子、磁铁等	1. 日常活动； 2. 分区环节； 3. 日常交流

领域	指南要点	行为目标	幼儿实际行为	观察途径
数学认知	1. 初步感知生活中数学的有用和有趣	1. 能发现和体会按一定规律排列的物体比较整齐、美观； 2. 能发现生活中许多问题都可以用数学的方法来解决，体验解决问题的乐趣	1. 美工活动时会用不同的图案进行排列组合变成边框； 2. 喜欢数字游戏	1. 美工区； 2. 日常生活
	2. 感知和理解数、量及数量关系	1. 初步理解量的相对性； 2. 借助实际情景和操作（如合并或拿取）理解加和减的实际意义； 3. 能通过实物操作或其他方法进行 10 以内的加减运算； 4. 能用简单的图表表示简单的数量关系	1. 知道高矮的相对性； 2. 能够进行简单的统计和群数； 3. 能够帮同伴找到做操时的位置	1. 数学区； 2. 日常生活
	3. 感知形状与空间关系	1. 能用常见的几何形体有创意地拼搭，并能画出物体的造型；	1. 会用积木拼搭出各种交通工具、武器等； 2. 会进行简单	1. 建构活动； 2. 数学分区； 3. 游戏

领域	指南要点	行为目标	幼儿实际行为	观察途径
		2. 能按语言指示或根据简单示意图正确取放物品； 3. 能辨别自己的左右	的自定义分类； 3. 玩游戏时能按指令快速地举起右手或左手	
艺术	感受与欣赏	1. 喜欢自然界与生活中美的事物	1. 乐于收集美的物品或向别人介绍所发现的美的事物； 2. 喜欢模仿自然界和生活环境中有特点的声音，并产生相应的联想	1. 发现幼儿园里的木头小火车时很惊喜，开心地告诉同伴； 2. 喜欢敲击油桶和木棒发出的声音	1. 散步活动； 2. 音乐活动
		2. 喜欢欣赏多种多样的艺术形式和作品	1. 艺术欣赏时常常用表情、动作、语言等方式表达自己的理解； 2. 愿意和别人分享、交流自己喜爱的艺术作品和审美体验	1. 能够大方地表演，会按指令和节奏做创意的动作或造型； 2. 乐于在大家面前表演	1. 日常活动； 2. 大型活动
	表现与创造	1. 喜欢进行艺术活动并大胆表现	1. 积极参加艺术活动，有自己比较喜欢的活动形式；	1. 能与同伴合作进行创意制作，如用废旧材料做机	1. 音乐活动； 2. 美工活动； 3. 日记画

领域	指南要点	行为目标	幼儿实际行为	观察途径
		2. 能用多种工具、材料或不同的表现手法表达自己的感受和想象； 3. 艺术活动中能与别人相互配合，也能独立表现	器人，也能自己独立制作小坦克等； 2. 会把自己喜欢的东西画下来，特别是军事类	
	2. 具有初步的艺术表现与创造能力	1. 能用基本准确的节奏和音调唱歌； 2. 能用简单的舞蹈动作表达自己的情绪或自然界的情景； 3. 能自编自演故事，并为表演制作简单的服饰、道具或布景； 4. 能用自己制作的美术作品布置环境、美化生活	1. 一般不主动唱歌，但音乐活动时会唱，担任广播员时也会唱； 2. 简单的歌词能记住； 3. 拍手敲击时比较有节奏感； 4. 会为军事类游戏制作手枪等器械进行游戏	1. 音乐活动； 2. 美工活动； 3. 建构活动

5. 观察记录方法之间的比较

各种观察记录方法各有利弊，现将其优缺点总结如下（如表 5－6 所示）：

表5-6 观察记录方法的比较

方法	工具	优点	缺点
叙事记录法（文字记录法之一）	纸笔	简单、便于随时记录,不易干扰、内容详细	依赖记忆,可能有遗漏
取样记录法（文字记录法之一）	纸笔	针对性强,便于深入研究某一行为或某一学具、某一幼儿	相对较封闭,只限于所针对的对象
信息化记录法	相机、录音笔、摄像机、具有摄录功能的手机等	记录过程完整详细,可反复回顾其过程	技术性及经济上要求较高;易干扰幼儿
作品取样记录	幼儿作品、信息化工具	是幼儿情感、思维的真实表达,比观察者的描述更准确真实,更贴近孩子	分析作品技术上要求高,容易受所选择作品的影响
量表记录法	笔、制定好的对应区域的观察记录表	简单、快捷;适宜幼儿本身的纵向比较或者全部幼儿之间的横向比较	只是结论的记录,没有详细过程,易出现误差及分析得不全面

第二节 各个活动区中的观察与评价

一、语言区里的故事

（一）语言区观察的重点

3—6岁是幼儿语言发展的关键期,培养口语交流能力是幼儿语言学习的重点。为此我们设置了语言活动区,鼓励孩子大胆表达,主动与同伴合作,注意倾听同伴的讲述。语言区的观察重点包括:

① 认真听并能听懂常用语言表达;

② 愿意讲话并能清楚表达;

③ 懂得与同伴合作；

④ 喜欢阅读并初步认读文字。

（二）语言区观察的方法

《指南》中指出："语言是交流和思维的工具。幼儿语言的发展贯穿于各个领域，也对其他领域的学习与发展有着重要的影响；幼儿在运用语言进行交流的同时，也在发展着人际交往能力、理解他人和判断交往情境的能力、组织自己思想的能力。"幼儿的语言发展和其他领域是相辅相成的，我们对幼儿语言观察也应该是全面的，可以通过以下的观察方法对幼儿进行观察：

① 文字记录法。在语言区活动中，教师以倾听者或合作者的身份观察幼儿，可以用文字记录下一个或几个幼儿的语言讲述，通过真实的记录反映幼儿在语言区的情况，再结合活动或学具的目标对幼儿的语言表达能力、合作能力、操作情况等进行分析。如幼儿对故事进行创编，教师用文字记录下幼儿讲述的内容。

② 量表法。幼儿语言的发展是一个持续的过程，可以通过图表进行跟踪观察，记录下幼儿在不同阶段的语言发展情况。如：表5-7分别在学期初、学期中、学期末对每一位幼儿进行不同语言目标的观察记录。

表5-7 语言区观察记录表

姓名				备注
目标		上	下	
1. 认真听并能听懂常用语言；	期初			
	期中			
	期末			
2. 愿意讲话并能清楚表达；	期初			
	期中			
	期末			
3. 懂得与同伴合作；	期初			
	期中			
	期末			

续　表

目标		上	下
4. 喜欢阅读并初步认读文字;	期初		
	期中		
	期末		
	……		

③ 事件取样法。语言区学具涉及的面是很广的,参与的幼儿每天都在变化,所以教师的观察不需要面面俱到,教师可以选取幼儿在某一个时间段内特定的游戏行为或者事件,记录整个事件发生的前因后果。如某幼儿在语言区活动中操作了3套学具,教师就可以观察并记录下幼儿在这个活动时间内都做了什么、说了什么。

(三) 语言区活动观察记录、教师解码及反馈

《纲要》明确指出:"幼儿的语言学习需要相应的社会经验支持,应通过多种活动扩展幼儿生活经验,丰富语言内容,增强理解和表达能力。"幼儿阶段主要在各种活动中学习语言表达,因此教师需要为幼儿创设自由、宽松的语言学习环境,鼓励和支持幼儿与成人、同伴交流;提供丰富、适合幼儿年龄水平的学具,让幼儿想说、敢说、喜欢说,并获得有效的语言经验。教师在语言区的观察记录应真实地反映幼儿在活动中的语言表现,客观地评价幼儿的语言水平(参见案例5-1)。

案例 5-1　语言区观察记录与分析

案例呈现

观察者:带班老师

观察对象:俊俊(5岁2个月)、小宝(5岁4个月)

观察时间:2009年12月6日第一次分区时段

观察过程:

俊俊和小宝结伴来到语言区玩"新年礼品店"的游戏,俊俊扮演售货员,小宝扮演顾客。俊俊一摆好物品就招呼:"新年礼品店开张了,请问你要买什么?"小宝大声说:"全部都要买,要不就要报警!"俊俊耐心地解释:"一次只能买一个,请问你要买什么?"小宝想了想,用比刚才小一点的声音说:"那就买窗花吧。"俊俊提醒他说:"那你就找出正确的购物券吧。"小

宝听话地找,并给俊俊。俊俊比一比,说:"对了。"把窗花给了小宝。然后继续介绍:"我们的灯笼很漂亮的,一到晚上就会闪闪发光,你要不要买?"小宝问:"你的灯笼会不会变成变身器?"俊俊说:"不会的,你要不要买呢?"小宝说:"不买了,买糖果吧。"俊俊说:"糖果要1 000块钱,灯笼才1块钱。"小宝说:"那就买灯笼吧。"说完把购物券扔给俊俊,购物券掉地上,俊俊捡起来,说:"新年礼品店关门了。"并收拾东西。小宝向我告状:"老师,时间还没到,他说关门了。"

案例分析

（1）从游戏中可以看出,他们的语言能力都不错,能够用普通话进行交流,能调动自己的生活经验展开合作游戏,只是小宝在语言交往时礼貌性尚不够。

（2）透过该游戏,可见两名幼儿的社会性发展存在差异:俊俊能较主动地与同伴交往(主动招呼"顾客"),态度友好(会用"请问"等礼貌词),能理解并遵守游戏规则,乐于帮助同伴(提醒"顾客")。在遇到冲突时懂得巧妙地用合适的办法解决("关门")。而小宝,因为玩这个游戏需要合作,所以共同目标认知驱使他也主动与同伴合作。但是,合作过程中他不良的行为习惯也呈现出来了(大声喊"报警"、扔"购物券"到地上等)。

相关建议

（1）继续丰富幼儿的生活经验。家长可以带幼儿到商场感受售货员与顾客对话与交流。

（2）引导幼儿大胆地表达自己的意愿,主动与他人交流。

（3）我们创设丰富的合作游戏,让小宝有更多的合作机会,让他的合作能力得到提高。

二、数学区里的故事

（一）数学区观察的重点

数学区观察重点有:幼儿对学具材料的选择、幼儿的专注程度、幼儿的具体操作行为、幼儿的讲述等等(如图5-3所示)。

1. 观察幼儿的材料选择

通过观察幼儿选择的材料,可以了解幼儿多喜欢哪一类型的材料,喜欢到哪种程度,以便于进行相应的指导。特别是区域中投放了不同水平程度的学具时,对于低水平的幼儿,可以相应地指导他选择适合他能力水平的学具;

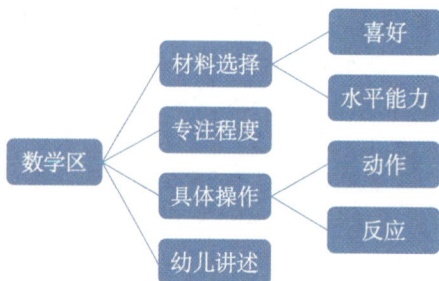

图 5-3　数学区观察重点

　　观察幼儿的选择,可以了解幼儿的兴趣点,可以为制作数学学具提供相应的参考信息。

　　2. 观察幼儿的专注程度

　　观察幼儿的专注程度,其目的在于了解幼儿的思维是否正处于积极的活动状态,而且这种积极状态是与所操作学具相联系。教师可以通过观察幼儿在操作活动中所表现出来的表情、动作、语言以及操作的时间长短等方面来了解幼儿的专注程度(参见案例 5-2)。

案例 5-2　数学区观察案例

　　A 幼儿在操作排序学具"大象排队"时比较随便,精神不集中,教师发现 A 幼儿想要选择的学具"小汽车"已经被其他幼儿选走了,只好选"大象排队"进行操作,一边操作一边观察他所喜欢的学具是否已经放回学具柜,以便于自己第一时间拿到那套学具。

　　案例中 A 幼儿不专注的原因是第一种情况,教师了解后,及时介入激发孩子对该套学具的兴趣,让孩子能够认真地进行操作。

　　如果幼儿因操作学具而思维变得积极活跃,教师就可以开始对幼儿的各种游戏行为展开观察;如幼儿不够专注,则要分析幼儿注意力分散的原因,帮助幼儿排除干扰因素(如表 5-8 所示)。

表 5-8　幼儿不专注于活动的原因及建议

不专注于活动的原因	建议
对学具不感兴趣,觉得学具不好玩	尽量激发孩子对学具的兴趣,或者帮助孩子选择其他感兴趣的学具
遇到了难题,但积极探索后仍无结果便不再感兴趣	教师需要介入指导,引导帮助幼儿突破思维瓶颈
幼儿的思维能力已经达到了该学具的要求,对幼儿无挑战性时,幼儿的探索兴趣下降	及时调整学具结构,或增加学具难度,或者参与到孩子的操作中,激发孩子的兴趣,也可以帮助孩子选择其他适合孩子水平的学具
学具破旧、趣味性不够、目标不适合	修补、调整、更新学具

3. 观察幼儿的具体操作行为

观察幼儿对学具的运用也就是观察幼儿的实际操作过程,通过观察可以发现幼儿原有的知识经验、对学具知识点的掌握程度、是否需要教师介入指导以及学具是否需要进行调整等。

观察点包括:孩子操作的快慢、操作的方式、表情语言和合作性、遇到的问题、解决问题的方法等。

4. 观察幼儿的讲述

在数学区的操作过程中,用语言表述出学具所包含的知识点通常是评价幼儿水平高低的标准之一,同时,这也是教师的观察内容之一。幼儿的讲述主要包括自发讲述以及在教师引导下针对学具知识点的复述两种方式。在幼儿自发的讲述中,教师要注意观察幼儿是否能正确地反映学具所包含的知识点,在此基础上进行相应的指导(参见案例 5-3)。

案例 5-3　数学区观察记录与分析

案例呈现

观察对象:鹏鹏

观察对象年龄:4 岁 6 个月

观察时间:2009 年 4 月第一次分区

观察地点：数学区

观察记录者：带班老师

观察实录：

鹏鹏很认真地操作着学具"邮箱"，他正在为手中的信件找到相匹配的信箱。他一只手指着信封，另一只手指着邮箱。口中数一，两只手同时指着一个点点。即左手指着信封上的点点，右手指着邮箱的点点。接着两只手同时移动到另一个点点。如此类推，用这个方法，鹏鹏来判断信件上的点点数量与邮箱上的点点数量是否相等。

老师：信封上有多少个小点？

鹏鹏：1、3、4，6 个点。（实际有 4 个）

老师：慢慢地再数一次。

鹏鹏：1、2、3、4、5、6。（口手没有一致）

案例分析

1. 鹏鹏采用了一一对应的方法完成了对两个集合的比较（用小手同时点着两个集合的点点来判断数量关系是否相等）。

2. 老师在引导鹏鹏运用点数的方法时，鹏鹏并没有正确地口手一致地进行点数。指示动作（用手指）与物体（图片上的点）之间没有一一对应，数词与指示动作也没有达到一一对应。

3. 鹏鹏是我班年龄较大的孩子，4 岁的孩子能较熟练地进行 6 以内口手一致点数是正常发展水平，很显然鹏鹏没有达到。

相关建议

加强幼儿口手一致点数的练习，在区域活动时多操作同类学具，也可以结合日常活动进行点数，如分餐具（6 个以内）、边分边数等。

（二）数学区的观察方法

观察方法主要包括旁观式观察和介入式观察两种。数学区的观察方法则以旁观式观察为主、介入式观察为辅，以不干扰孩子的正常操作为前提，只有当孩子需要帮助时教师才适时介入，边观察边指导。

观察记录可以用叙事记录法、取样记录法、信息化记录法以及量表记录法。

（三）数学区常用观察记录量表

教师可以根据本班情况制定观察量表，记录内容自拟，为了使教师在活动中能简洁快速地记录，我们发明了一系列"记录符号"。例如，我们在数学区观察的时候,为了更快速准确地记录,我们将幼儿的数学学具操作水平分成 A、B、C 三个等级,其中 A 等表示幼儿能独自进行数学学具的操作;B 等表示幼儿需要在成人的指导之下方可完成;C 等表示幼儿尚未掌握操作方法。除此之外,我们还使用"＋"、"－"来表示程度水平,其中"＋"表示熟练,"－"表示不熟练。如表 5-9,可以简单记录幼儿的操作情况:

表 5-9　数学区观察记录表

目标 学具 姓名	按颜色分类 小猫钓鱼	按形状分类 小动物吃饼干	——对应 找影子	大小排序 (三个量比较) 吹泡泡
小希	△A＋(9.13)		A＋(9.13)	
荣荣	○B＋(9.28)			△B＋(10.15)
睿睿	△A(10.16)		○A(9.21)	
浩浩		△A(9.20)		△A(10.11)
思齐		△A－(10.18)	○B＋(9.20)	

小班数学区域记录表填写说明
● 记录符号:
水平标志:A.能独自进行数学学具的操作;B.需要在成人指导下完成(熟练＋、不熟练－);C.尚未掌握
态度标志:△能专注、认真操作;○不够专注,需要成人提醒
日期标志:(月、日)

三、社会区里的故事

(一)社会区的观察案例

社会性是人的一种心理特性,是指人们进行社会交往,建立人际关系,理解、掌握和遵守社会性行为准则以及控制自身行为的心理特性。在社会化的过程中,成人需要促进幼儿观点采择能力、社会交往技能的提高,例如幼儿能够清晰地表达自己的观点、学会倾听,不打断别人的话并婉转说话等社会交往技能。

幼儿园社会区活动并不独立存在,它存在于幼儿的一日生活的各个环节之中。

幼儿社会教育包含社会认知、社会情感及社会行为技能三个重要方面。社会区活动的观察记录要与《纲要》的社会领域教育目标相符合。

老师可以使用叙事记录法来记录幼儿的行为表现,可以现场记录所听到和所看到的信息或事后进行概括性的记录。详尽地观察记录幼儿生活的片段,包括背

景、行为描述、原始的交流与谈话等,可以为教师提供社会性发展、认知发展、适应性发展等方面的信息,此记录可以让家长、教师发现幼儿成长过程中的影响因子,包括其身体、认知和情绪等的发展。

社会区域的互动,更多地是依赖于语言的交流,包括口头语言和肢体语言,因此社会区域的观察记录常常与其他区域共同存在。参见案例5-4,这是发生在语言区的一个操作活动,孩子在其中的表现体现了两个孩子之间社会性发展的差异。

案例5-4 社会区观察案例与分析

案例呈现

观察者:当班教师

观察对象:俊兆(4岁6个月)、炫炫(4岁1个月)

观察时间:第一次分区(9:00—9:30)

过程记录:

俊兆和炫炫结伴来到语言区玩"新年礼品店"的游戏,俊兆扮演售货员,炫炫扮演顾客。俊兆一摆好物品就招呼:"新年礼品店开张了,请问你要买什么?"炫炫大声说:"全部都要买,要不就要报警!"俊兆耐心地解释:"一次只能买一个,请问你要买什么?"炫炫想了想,用比刚才小一点的声音说:"那就买窗花吧。"俊兆提醒他说:"那你就找出正确的购物券吧。"炫炫听话地找,并给俊兆。俊兆比一比,说:"对了。"把窗花给了炫炫。俊兆继续介绍:"我们的灯笼很漂亮的,一到晚上就会闪闪发光,你要不要买?"炫炫问:"你的灯笼会不会变成变身器?"俊兆说:"不会的,你要不要买呢?"炫炫说:"不买了,买糖果吧。"俊兆说:"糖果要1000块钱,灯笼才1块钱。"炫炫说:"那就买灯笼吧。"说完把购物券扔给俊兆,购物券掉在地上,俊兆捡起来,说:"新年礼品店关门了。"并收拾东西。炫炫向我告状:"林老师,时间还没到,他说关门了。"

案例分析

透过该游戏,可见两名幼儿的社会性发展存在差异:俊兆能较主动地与同伴交往(主动招呼"顾客"),态度友好(会用"请问"等礼貌词),能理解并遵守游戏规则,乐于帮助同伴(提醒"顾客")。在遇到冲突时懂得巧妙地用适当的办法解决("关门")。而炫炫,因为玩这个游戏需要合作,所以共同目标认知驱使他也主动与同伴合作。但是,合作过程中不良的行为习惯就呈现出来了(大声喊"报警"、扔"购物券"到地上等)……

(二) 教师的分析与建议

教师的建议源于教师对该幼儿的教育评价,从幼儿社会性的评价可以发现幼儿情感上的个体差异与不同时期的变化,为有效开展家园合作教育提供参考信息,促进幼儿的全面发展。通过观察记录,教师可以对幼儿的自我认识、情绪情感、社会认知能力与社会交往能力进行评价,从而提出有效的、针对性的教育方法与调整建议。如情绪表达与控制,幼儿是否能用恰当的方式表达自己的喜怒哀乐,并有一定调节情绪的能力。对于情绪容易失控的幼儿,教师可以用自然观察法,对幼儿情绪的变化进行记录评价,并提出有效的、针对性的调整策略(参见案例5-5)。

案例 5-5　社会区观察案例与分析

案例呈现

观察者：当班教师

观察对象：豆豆(4岁6个月)

观察时间：下午洗澡的时间(16:00—17:00)

观察记录：

下午4点半的时候,豆豆洗完澡正坐在榻榻米边上穿袜子和鞋子。这时,她看到老师走进课室,就马上迎上来问:"老师你怎么还没有下班呀?"老师说:"我回来看看你们呀。"她很开心地说:"太好了!"过了一会儿,老师在和佐佐说话,她很留心老师和佐佐聊天的内容,当老师问佐佐:"你觉得我是什么颜色呢?"佐佐说:"我觉得你是橙色的。"老师转过身问豆豆:"你觉得呢?"豆豆马上指着深蓝色说:"你是这种鲨鱼的蓝色。"老师说:"你觉得我是鲨鱼的颜色? 可是鲨鱼很凶呀。"豆豆说:"你是好的,不凶的鲨鱼。"这时,豆豆眼珠子一转,马上说:"我送一条尾巴给你。"说完,很开心地跑出课室,到自己的私密柜那里拿了一张纸,从上面撕了一条纸条下来,跑进来给老师:"给你尾巴。"可是一看,纸条太短了,不适合老师,于是她马上又说:"我给你换一条尾巴。"马上,她就换了一条更长一点的"尾巴"给老师,和老师、小朋友开心地玩起了尾巴游戏。

案例分析

在整个过程中,豆豆表现得很开心、主动、自信。另外,从这次的事情可以看出来,豆豆是一个很懂得和别人玩的孩子。豆豆四岁半了,她很乐意与人交谈,而且能注意倾听他人的讲话(听老师和佐佐的交谈),能大胆、清楚地表达自己想说的事(说老师是鲨鱼的颜色),还懂得与人交流的技巧(说老师像鲨鱼的颜色之外,还想到要送尾巴给老师)。她的语言以及沟通能力的发展在同龄人当中属于高水平。

(三) 社会区观察的重点

观察的目的是为了获得幼儿社会性发展情况的数据,社会区的观察主要以自然连续的观察方法为主,与其他区域不一样的是,观察者可与幼儿保持一定的距离,不干预幼儿活动,也可参与到幼儿的活动中,观察并记录他们的各种行为。社会区观察的重点主要包括以下内容:

1. 观察幼儿在交往中的语言、动作、表情等;

2. 观察幼儿的情绪情感,例如忧伤、愤怒、害怕、悲痛、惊奇、愉悦、快乐等情绪。

3. 在幼儿的游戏中,我们还应该观察幼儿与同伴相处的方式、冲突解决能力以及合作、协调能力等。因此,社会区的观察应在幼儿全天的生活与游戏中进行。

(四) 社会区观察的方法

幼儿从认识自我,认识与他人的关系到学会各种各样的社会交往技能,体现了其社会化的过程。为了更好地了解幼儿社会性发展水平,教师需要对幼儿的一日生活加以观察与记录。教师可以通过图表、清单、文字、照片、视频、音频等方法对幼儿的表现加以记录。具体来说,在社会区中,常用的观察记录有叙事记录法、检核表记录法和现代技术法。

1. 叙事记录法

叙事记录法是我们在教育过程中最常用的观察记录方法,该方法是用文字来记录事件发生的时间与内容。叙事记录分为短时间与长时间的记录,短的约几秒或几分钟,即我们常说的轶事记录法或连续记录法。轶事记录随机选择对象,忠于事实;连续记录对象广,记录事件或行为持续的时间较长。社会区域观察中,可结合生活与游戏等一日生活的任一时段进行记录,轶事记录与连续记录交叉使用或单个使用(参见案例 5-6 至案例 5-8)。

案例5-6　社会区观察案例

观察者：邓老师

观察对象：小叶(4岁2个月)

观察时间：午餐后

地点：活动室

观察记录：

午餐的时间到了，小朋友们放好椅子，准备上盥洗室洗手、拿餐巾。他们有的快步向前、有的不紧不慢、有的结伴边走边说。小叶和宁宁边走边说，突然她俩停下了脚步，小叶把手放在宁宁的额头上，然后宁宁像慢镜头一样坐在地上、小叶也顺势趴在宁宁的身上。两个小家伙很快自己站起来，老师："摔疼了没有？ 宁宁怎么会突然坐在地上呢？"小叶说："叶宁宁的脑袋撞到墙了，所以摔跤了。"叶宁宁："没有，我没有撞到墙，这里都没有墙，是丫丫推我。"老师问："小叶，这个位置有墙吗？"小叶沉默了一会说："邓老师，我不是故意的。"老师："那你为什么说宁宁撞到墙呢？"小叶："我怕你批评我。"老师："因为怕别人批评而撒谎、这样做对吗？"小叶："不对。"老师："你为什么把手放在宁宁的额头上？"小叶："我想跟她说，你的头真像海豚啊！"……

案例5-7　社会区观察案例

观察者：洪老师

观察对象：宗恒(男,4岁)

观察时间：上午自由活动时段

观察记录：

今天的自由活动开始了，小朋友都拿出自己的玩具玩起来。Edoardo拿着新带来的小汽车，边在地上开车，嘴里边"嘟嘟——，嘟嘟——"喊着，独自开心地玩着，这时宗恒走过去，也不说话，伸手就抓住了Edoardo的小汽车，而Edoardo也不示弱，双手紧紧抓住不放，眼见汽车就要被别人抢走了，他大叫起来"老师——，老师——"边喊边哭，我连忙走过去，故意问"这辆车是谁的啊？"两个人都说"是我的"。旁边的凯凯正义地说"是Edoardo的"。宗恒听了还是不松手，还不停地说"我想玩，给我玩一下"。我对宗恒说："你是不是很喜欢这个小汽车啊？""是。""那你可以用你的玩具和 Edoardo 交换啊,这样你可以玩他的小汽车,Edoard。也可以玩你的超人啊。这样你们两个人就有两个玩具玩了,多好啊。或者你可以用礼貌的语言跟 Edoardo 借,如'让我玩玩好吗?''你借给我玩好吗?'等。"宗恒还是没有说话,Edoardo 则双手举着汽车说"嗯,给你玩玩"。宗恒一听,紧紧地抱着自己的小超人,说"这是我的,我不给他玩",然后就走了。而 Edoardo 呢,则满不在乎地又开心地玩起了小汽车,嘴里还是不停地"嘟嘟——,嘟嘟——"。谁知过了一会,耳边传来一阵哭喊声,我寻声走过去,发现小博的脸上红了一块。我边安抚他边问:"小博,谁打你了?"小博边哭边将小手指向站在他旁边的宗恒。我立刻明白了,然后对宗恒说道:"你打他了?"宗恒看了看我,一边满不在乎地说:"谁叫他的车撞到我的超人了。"

案例 5–8 社会区观察案例

观察者:麦老师

观察对象:恒恒(男,4岁)

观察时间:美工区绘画《小熊猫》

观察记录:

在美工区里,布置了许多不同形态的熊猫。孩子们通过观察图片,了解到熊猫不同的形态。恒恒到了美工区,先穿上罩衣,然后就站在美工桌前四处张望。他动也不动,只是迅速地移动目光,看着其他在画熊猫的孩子,大约有1至2分钟之久。

看完后,恒恒终于拿起画笔来画。他先点上黑色颜料,大约画了一个圆形在纸上再画了一个圆形在下面,我想他是画了熊猫的头、身体。于是,他的眼睛又在瞄着别人。过了一会儿,恒恒终于小声对旁边的滢滢说:"我不会画熊猫的脚,你帮我画,行吗?"我听到后说:"我来帮帮你。"我就按不同步骤来引导恒恒观察熊猫的四肢,再用绘画形式表现出来。最后,恒恒完成了他自己的"大作",露出了笑容。

案例5-6和案例5-7,教师记录了幼儿在几秒钟或者几分钟内的动作与详细的对话,能为教师或其他读者展开分析提供了具体的细节。

案例5-8更自然地记录幼儿日常活动中的真实片段,在一个短小的记录中展示了幼儿多方面的发展情况,教师可连贯地、综合地评价幼儿,并及时调整教育手段。

2. 现代技术的运用

录音机、录音笔能收集幼儿的语音,将发生的所有对话自然清晰地记录下来,留待教师后期转换为文字进行分析。相机、摄像机能记录幼儿的行为片段,便于记录者日后对现场的回顾,减少记录者主观的推断与记忆的干扰。运用现代技术可以使记录更客观、真实、详细,也更容易归档,但因容易干扰教师和幼儿的活动,引起某些不自然的因素,所以只可作为辅助性手段之一。

第三节 多元化与个性化幼儿成长档案

一、建立多元化、个性化幼儿成长档案的目的

幼儿园的教育评价一直以来都是幼儿园教育工作的重要组成部分。教育评价的目的归根究底就是要发现每个儿童的潜力和特点,让每个儿童得到富有个性化的发展,同时也促进教师与课程本身的发展。但是,由于教育观念滞后,教师专业技能欠缺以及班额众多等现状,目前的幼儿园教育评价体系存在着一系列的问题:如以统一的标准来衡量所有的幼儿;评价时以单一的量化评价为主,只是简单地给幼儿定出等级,忽略幼儿发展的特殊性;重知识技能的评价而忽略幼儿成长与学习的过程;评价体系有较强的封闭性,教师是评价的主体与权威,而家长作为孩子最直接的教育者没有被纳入评价体系中。

我园结合后现代主义的教育指导思想,建立了一种新型的评价体系——幼儿成长档案,务求忠实地记录孩子的每一步成长足迹和学习历程,让教师更关注幼儿,让家长更了解孩子,同时也让孩子更自信!面对这个目标,我们在不断地追求:

追求一:用发展的眼光看待幼儿,重视每个幼儿的个性化成长;

追求二:关注幼儿的学习变化与成长历程,从多元化的角度评价幼儿;

追求三:打破权威,在评价中建立教师与幼儿的良好"对话"关系;

追求四:形成立体的、全方位的评价系统;

追求五:实现幼儿、家长与教师的共同成长。

二、幼儿成长档案的框架结构

我园的幼儿成长档案主要分为家长填写、家长与孩子填写、孩子自己完成、保育员填写、教师填写五大部分,并通过文字、便签、照片、图片、美工作品、实物等不同形式来记录和收集孩子的成长资料(参见图5-4)。

三、如何进行幼儿成长档案的记录

最初的幼儿成长档案是传统的纸质档案,所有的资料使用活页文件夹存放,定

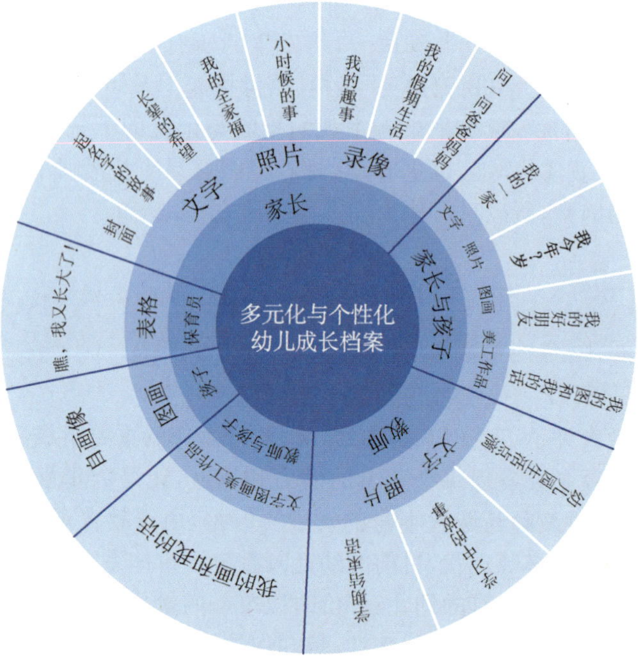

图 5-4　多元化与个性化幼儿成长档案框架图

期向家长发放需要填写的表格,由教师回收后放入孩子的文件夹内,同时教师也要在规定的时间内完成对孩子的观察记录与分析,如幼儿园生活点滴、学习中的故事等,并附以照片,填写后放入孩子的成长档案里。每当一个学期结束或孩子升班后,教师都要打印一张分隔页,写上"某某班第二学期"或"我升中班啦!"等字眼,以区分每个时间段的记录内容。

随着信息时代的发展,网络电子档案成为发展趋势,它可以解决家长定期冲洗幼儿照片的麻烦,从而实现跨时空的同步记录和资料分享。于是我们将网络电子档案与传统纸质档案有效结合起来,在幼儿园网页上设置了幼儿成长档案专栏,里面的栏目不变,家长及教师将观察与记录下来的幼儿情况通过电脑直接输入到网页中。到幼儿大班毕业了,就可以将幼儿所有的资料整合生成一本"幼儿成长档案册"。这样的网络电子档案既能保留孩子宝贵的真实资料,又能实现互动式的、随时随地的观察分析和分享交流。

与原来的纸质档案册相比,网页式的档案册更环保,而且幼儿的资料可以更灵活地取用,也减少了很多教师及家长的手工活。

四、幼儿成长档案的价值

(一)个性与发展——评价目标的突破

评价的目标不再是"选拔适合教育的儿童",而是关注孩子的成长与进步,着重发掘孩子的个性与特点,并通过分析指导,改进教师的教学方法,促进孩子的发展。

(二)多元与多维——评价内容的突破

人及人类社会的发展都是多元的、复杂的,因此我们应该从不同的维度去关注孩子,使评价的内容更多元化。如孩子的情感如何发展? 在生活中是否合群、善于交往? 是否有团队合作意识? 在解决问题时又是如何进行观察、思考、假设、选择与推理? 学习中是否主动? 能否解决生活中的实际问题等等。这样的评价理念引导我们要注重教育内容的丰富性,鼓励教师创设各种各样的活动来帮助和促进孩子在原有的基础上获得更有效的发展。

(三)动态与发展——评价形式的突破

评价的形式以动态性评价、形成性评价为主,也就是说,教师对孩子的观察与评价是一个持续的过程,既要发现孩子已有的发展水平,也要发掘出他未来的发展潜力与方向;对幼儿的观察要在真实的情景中进行,不要仅凭回忆而断章取义,影响评价的真实性;评价不但关注结果也要关注过程,要将幼儿发展和变化的过程体现出来。

(四)平等与对话——评价主体的突破

除了教师可以对孩子进行评价之外,家长、幼儿与社区人员等都可以成为评价主体参与到评价体系中。教师转变了角色,融入孩子的活动中,与孩子进行平等的对话和交流,变成幼儿活动的支持者与引导者,对孩子的了解也就更全面、更深刻。同时,平等的沟通与交流也有利于营造民主的氛围,促进各评价主体对评价活动的主动参与。

(五)互动与成长——评价功能的突破

在多元化与个性化幼儿成长档案的建构中,教师、家长与孩子在收集档案材料、填写记录表格、分析幼儿发展的过程中产生了更多的互动与交流。教师对幼儿的观察分析能力提高了,并能根据正确的判断及时调整课程,促进了自我专业能力的提高;家长对孩子的关注度提高了,对幼儿园教育更了解了,因此能更好地配合幼儿园实现家园教育的目标,同时也提高了育儿技能;而孩子在老师与父母的欣赏、关爱中,在幼儿园这个"乐园"中,也获得了最大的发展,真正实现了我园"家园共建、共育,孩子与成人共同成长"的教育理念!

第六章 活动区的智慧之源
——让活动区研究走向深入的教研活动

东方红幼儿园"以活动区为特色的儿童主体发展课程"从 1989 年 9 月开始实施，至今已经走过近 30 个年头，仍然拥有旺盛的生命力。每天走进幼儿园，随处都可以看到孩子们灵动的生命活跃在各个区域里，不管是安静的数学区、美工区、图书区，还是活跃的沙水区、建构区、音乐区、木工区等，孩子们都是那么投入、专注、自由而有序。推动东方红幼儿园活动区课程不断向前走并始终焕发生命力的，是这里热爱钻研的教师团队，是这里浓郁的教研氛围，是持续不断的教研活动。聚焦孩子们的活动和需要、聚焦环境的创设、教师的指导等，这里永远都有值得研究的新问题以及解决新问题的新方法。而这一研究过程，始终遵循的是"以幼儿为本"的思想，并依托一系列扎扎实实的教研活动。

一、立足于园本问题的解决

教研的立足点之一就是研究和解决教育教学中的问题，引导教师在理性反思的基础上，探索有效的方法和策略去解决现实存在的问题，在解决的过程中获取经验、提升认识，从而构建属于自己的实践理论体系。

作为引领教师解决教育教学问题的业务副园长，不仅需要对存在的普遍问题或关键问题有敏锐的观察力，而且发现问题之后需要进行理性的分析，并以此为出发点设计有效的教研活动，流程如图 6-1 所示：

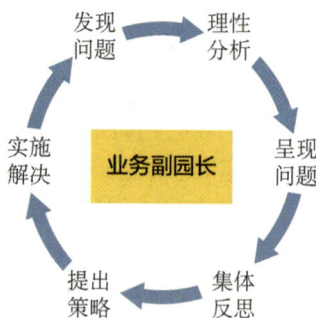

图 6-1　业务副园长的责任
与义务流程图

（一）发现的问题如何呈现

如何思考和处理教师实践中普遍存在的问题的过程，将直接决定问题最终能否得到根本性的解决。在多年的教研活动中，我们也历经了从简单笔录到微课呈现、从直接指出问题到共同研究问题的过程，能力也得到了明显提升（参见表6-1）。

表6-1　问题解决表

问题出现	呈现问题的方式	效果
用笔记录下来	开教研会时直接说出存在的问题	1. 气氛紧张； 2. 教师被动接受
用相机拍下来	开教研会时直接以照片的形式把问题呈现给老师看，并让大家分析问题的严重性	1. 气氛紧张； 2. 教师被动接受； 3. 被批评的教师感觉没面子
用相机拍摄下来，并深入思考：问题是否具普遍性？问题的原因在哪里？应该如何呈现给教师？如何引导教师解决？	1. 收集问题照片和其他相关资料，梳理思路，设计成微课呈现； 2. 问题呈现后，再进一步引导教师针对问题深入探讨，可以结合头脑风暴、现场体验等形式开展	1. 观看短小精悍的视频，气氛轻松，注意力集中，思维被启发； 2. 研究直指问题而非个人，教师能投入研讨； 3. 教研的过程促进了教师内在观念的转变、成长

（二）教研活动中自己的角色如何定位

作为引领教研的园长，在教研活动中需要把握好自己的角色定位，是行政？还是专业引领？还是研究伙伴？行政的身份往往会导致园长在教研活动中处于"霸权"地位，一旦发表意见，教师们就不吭声，这样的教研活动是很难引发教师进行深层次的思考，教师只会被动接受。所以，园长必须努力成为教师们研究伙伴中的领头人，把自己的姿态放低，让教师通过教研活动达到明显提升（如图6-2所示）。

二、立足于教师反思智慧的提升

教师的专业成长是一个动态的发展过程，需要教师通过不断的学习与探究来达到成熟的境界，而在教师的学习与探究过程中，反思和经验是影响教师专业成长的重要因素。美国著名教育心理学家波斯纳（G. J. Posner）认为，经验的获得是教

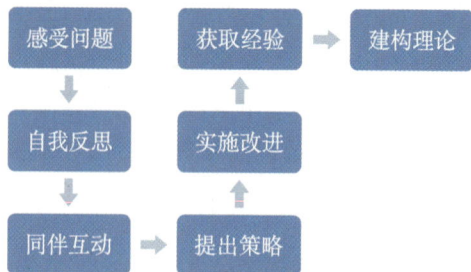

图6-2　教研活动流程图

师成长的重要前提,但没有反思的经验是狭隘的经验。随着我国幼教改革的不断深入,人们也逐渐意识到改进教育改革最好的方法是促进教师成为自主的和反思的人。反思型教师的实质在于教师具有反思能力,能够对自己的教学及其背后的观念进行反思。为此,园本教研必须立足于提升教师的反思智慧,促使教师逐步地从"经验型"教师向"反思型"教师转变。

(一)通过园本教研,让教师不断反思自己的实践,在解决问题的过程中提升自己的专业素养

教师反思的过程一般是从他所遇到的困难、麻烦的事件和不能马上解决的问题开始的,这种不安全感和不确定感导致教师在实践中或实践后反思自身。反思体现的是教师面对问题和解决问题的一种主人翁精神。园本教研,就是充分调动教师的主人翁精神,不要让问题"流走",而是让思考停留,并通过集体反思,提升教师认识和解决问题的能力。

(二)通过园本教研,教师可以不断建构和完善属于自己的理论,并用以指导自己的教育实践

实践中的教师一般都有一套关于孩子和教育的理论,因为他们都有过充分的实践经历,积累了丰富的经验。但是又常常会受到思维定势和行为习惯的影响,难以质疑自己"所采用的理论",或者意识到"所采用理论"的局限性,也很可能在教学实践中下意识地重复原有的行为方式。要真正有效地改善教学行为,就需要通过园本教研引导教师从点滴做起,抓住自己在实践过程中所碰到的一个又一个小的问题或困惑,以研究者而不以经验者的心态置身于教学情境中,在自我审视的过程中深究各种现象、问题,逐渐形成良好的反思习惯,促使反思能力的提升,使教学行为更加理性。

1. 我们开展过的教研主题

回顾我们开展过的教研主题,虽然不少研究课题都是每年重复在做,但是研究点、研究形式却会因不同时期出现的新问题和教师呈现的新经验而采用不同的形

式进行,可谓"常做常新"。从下列列举的部分教研活动,可以大致了解我园的教研活动过程(参见表6-2):

表6-2　教研活动主题

系列	教研缘由	教研主题列举	组织形式
环境创设	1. 活动区环境创设是教研的核心主题,环境具有隐性的教育功能,环境除了是教育手段还是教育本身,需要被研究,使创设更合理、有效; 2. 班级环境是动态的,要根据幼儿的兴趣、课程的生成、开展、深入而及时调整,研究也需跟进; 3. 不同班级环境创设进行分享、互动	"环境创设在幼儿园生成课程中的作用——瑞吉欧环境创设思想的启示"	1. 讲座; 2. 讲座后讨论
		"如何设置观察角"	1. 讨论; 2. 尝试; 3. 评比
		"微课分享:美工区的环境创设之我见"	1. 微课设计及制作技术培训; 2. 各班以美工区环境创设为例,融合理念和做法制作微课; 3. 分享和评比
		"每学期的班级环境创设分享与评比"	1. 观摩和介绍; 2. 评比
		"他山之石促我创新"	外出参观、专家讲座、分享交流等形式
关键点:重在激发教师结合理论进行学习,对常态化的环境创设能理性思考,打破固有思维,不断创新,使其更接近幼儿,更能发挥环境对孩子的影响作用			
学具研讨	作为活动区教育,幼儿的操作材料至关重要,这就需要教师要在观察的基础上常常更新设计、制作教玩具,并针对幼儿操作中呈现出来的不同问题进行研讨,不断完善材料	"识字学具的系列化设计"	1. 讨论:何为"系列"?为何要"系列"? 2. 实践中的系列性学具评析,总结

系列	教研缘由	教研主题列举	组织形式
		融合"识字、口语和合作"三要素,深入研究语言识字学具设计	1. 观摩语言区域活动; 2. 围绕主题分析、讨论; 3. 融合"识字、口语和合作"三要素的学具展示
		"活动区学具投放的合理性和科学性"	1. 评检; 2. 讲座
		每学期开展原创学具分享与评比	1. 原创学具介绍和分享; 2. 学具评比
关键点:重在激发教师关注活动材料对孩子的激发作用,通过教研平台促进教师分享、互动、互相启发,共同促进			
观察指导	1. 活动区教育模式中师幼关系发生重大转变,教师必须从传统研究"教"转变为研究"观察"和"适时指导"; 2. 观察、指导是很多教师的专业短板,需要通过一次次的教研学习提升	"现场观察和解读:'娃娃家'中的孩子"	1. 观摩; 2. 分析孩子的语言和行为; 3. 专业引领:华南师范大学高岚教授、广州市教研员张琼老师
		"我也来做小朋友"	1. 课堂模拟:老师们扮演小朋友,和老师进行互动; 2. 讨论师幼间抛接问题的关键点
		"案例视频分析:数学区中孩子的操作和教师的指导"	1. 观摩视频; 2. 分析研讨

系列	教研缘由	教研主题列举	组织形式
		"递进式观察分析教研：选择个案，进行系列性跟进观察和分析"	1. 自学书本《观察儿童》； 2. 每一位老师选择一位观察对象，并选取观察角度，进行持续观察、记录； 3. 结合《观察儿童》一书中的要点进行集体分析

关键点：重在提高教师耐心观察个别幼儿的意识，并学会根据目的选取合适的观察角度，有意识地持续观察，以获得对幼儿某方面情况的充分了解，并学习初步分析、判断

系列		教研缘由	教研主题列举	组织形式
各区域／领域教研活动	艺术	1. 引导教师将自身的音乐素养和技能转化为教学技能； 2. 挖掘资源，邀请国内外艺术领域知名专家和教师们互动，开拓教师的眼界； 3. 鼓励教师引导孩子善于发现生活中的美	"儿童画欣赏和泥塑制作"	广州美院教授专家讲座
			"幼儿美术教育活动的探索"	1. 以色列专家现场引导家长和孩子共同进行美术体验活动； 2. 体验后的感悟和探讨
			"分享和探讨：再谈美工区的创设"	1. 微课分享各自的观点和经验； 2. 分享中即时捕捉问题并展开探讨
			"感悟美工区的'创'与'美'"	1. 园长通过微课呈现问题； 2. 现场体验"创"； 3. 现场感受"创作美"

系列	教研缘由	教研主题列举	组织形式
		思维拓展训练	现场动手创作
		"提高歌唱技能,让教师'会唱'又'会教'"	1. 观摩; 2. 专家讲座
		"音乐节奏游戏的'玩'与'悟'"	1. 讲座; 2. 体验
社会	1. 以课题研究的形式深入开展"以幼儿为本的社会性教育"的策略研究; 2. 提高教师对社会性教育的重视,转变教师直接说教的教学方式,鼓励教师捕捉问题并生成多种形式的教育活动	"体验:我来创编社会性教育故事"	1. 每个班的老师根据发现的问题创编成一个教育故事; 2. 原创教育故事分享和比赛
		用原创教育故事开展教育活动	1. 观摩:各班老师用自编故事和孩子们开展活动; 2. 研讨
		"自由活动中孩子的社会性发展"	1. 观摩; 2. 研讨
		"如何开展创意民间体育活动"	1. 讲座; 2. 公开课展示
健康	1. 关注健康与生命安全教育,创设集游戏性与锻炼于一体的体育活动,提高体育活动的质量; 2. 拓展体育活动开展的多元性和创新性	亲子体能律动创编	1. 创编展示; 2. 评比:设立"最佳带动人"、"原创律动奖"等奖项; 3. 与姐妹园合作开展

系列	教研缘由	教研主题列举	组织形式
		"快乐体育"展示活动	1. 讨论； 2. 观摩公开课
		早操创编	1. 讨论：明确创编要点； 2. 比赛
		跳绳的游戏教学	1. 跳绳教练讲座； 2. 跳绳教学示范展示； 3. 教师实践
		自主性体育活动实践	1. 讨论； 2. 尝试； 3. 总结； 4. 再尝试
科学	1. 通过探讨、研究"生活中的数学"，提高教师的课堂组织能力以及把数学概念融入生活的指导能力； 2. 组织教师开展科学实验课活动，提高教师在组织活动中的提问能力、引导能力等，从细节处锻炼教师的教学能力	重新讨论建立数学教育领域的内容框架	1. 讨论； 2. 观摩公开课
		深入开展科学实验活动研究："尝试—研讨—修改—再尝试"	1. 公开课； 2. 课后讨论，梳理思路
		开展"生活中的数学"观摩活动	1. 公开课； 2. 课后讨论
		"科艺对话空间"的设计和创建	1. 头脑风暴：探讨科艺室的设计构想； 2. 风格的定位； 3. 小组分工创建

系列		教研缘由	教研主题列举	组织形式
专题教研	语言	1. 学习、明确《纲要》中有关语言教育指导要求的精神,使教育更有方向感; 2. 通过实践,开展一系列探讨研究,提升教育智慧	"精彩的儿童图书"分享会	讨论
			明确《纲要》中语言教育呈现的新趋势,提高语言教育指导能力	1. 讲座(邀请专家); 2. 观摩
			"幼儿早期阅读活动的探讨"	1. 看录像案例进行分析; 2. 公开课交流
			"睡前语言主题分享活动"	1. 讨论:明确活动意图; 2. 实践:各班根据孩子的兴趣制定适合的主题; 3. 分享交流
	专业技能	1. 教育需要细心、爱心和耐心,教育更需要反思和智慧; 2. 互动式教育积极提倡教育者和被教育者之间、理论和实践之间的双向沟通,有效的沟通需要被研究; 3. 要引导幼儿在活动中的积极思考,关键在于教师对问题的铺设以及如何与幼儿进行问题的抛接,这项技能是教师专业性程度的直接体现,需要通过教研平台提高	"如何引导小班孩子开始分区活动?"	观摩和探讨
			"新学期如何稳定新生情绪?"	1. 理论学习:为什么孩子会有入园焦虑? 2. 分享:一日活动不同环节中有效的缓解焦虑策略
			加强互动式"对话",加快教师专业成长	1. 理论学习; 2. 实践操练

系列	教研缘由	教研主题列举	组织形式
信息技术	1. 结合课题《信息技术在幼儿教育中的应用策略与方法研究》开展各种培训和实践； 2. 微课这种新技术将革新传统的教学与教研方式，突破教师传统的资源应用模式，并成为教师专业成长的重要途径之一	如何做好教学中的问题铺设与抛接	观摩和研讨
		微课的设计与开发培训	外出培训回来的教师进行讲座培训
		微课制作相关技术点培训	信息技术老师进行培训
		微课视野下的美术教育活动经验分享	每一位教师参与实践
		学具微课的设计与制作培训	教研组长、信息技术老师参与实践
		语言、数学、益智领域学具微课的展示	教师参与实践

2. 品品我们的教研小故事

浏览了我园的教研脉络之后，为了使读者更深入地了解我园的教研活动，下列列举我园的另一特色活动——"教研小故事"（参见图 6 - 3）。

故事一	·教师也玩"娃娃家"——在玩中感受幼儿的需要
故事二	·如何让孩子"有话可说"——语言区学具研讨
故事三	·"让别人欣赏我·我欣赏别人"——环境创设之我见
故事四	·"世界咖啡"——科艺室活动研讨
故事五	·"信封的变身"——感悟美工区的"创"与"美"
故事六	·教育的"金句与禁语"——稳定新生情绪的策略
故事七	·"我们也是郑渊洁"——幼儿教师创编教育故事

图 6 - 3　"教研小故事"框架图

【故事一】教师也玩"娃娃家"——在玩中感受幼儿的需要

(1) 教研缘由

"娃娃家"是我园各班级环境创设的重要区域之一,孩子们在"娃娃家"里能够自由地选择材料和同伴合作扮演各种家庭角色,展现内心的情感与需要,获得自我的满足感。为此,各个班的老师都要立足于本班的环境特点与幼儿的需要,合理地进行规划、布局,提供丰富的材料,创设富有个性的"娃娃家"。

但在实践中,教师在"娃娃家"对幼儿活动的观察与指导往往不够到位。为了帮助教师学会观察"娃娃家"里孩子的活动情况,解读孩子的行为并进行有效的指导,我们围绕教师如何针对幼儿在"娃娃家"的活动进行适当的指导,组织了多次的观摩活动并进行相应的研讨。

(2) 教研目标

① 提高教师近距离观察个别幼儿社会性发展情况的意识。

② 教师学会观察、解读和分析"娃娃家"里孩子的活动情况,并进行有效的指导,提高教师的观察、记录与分析的能力。

(3) 教研内容/过程

【第一次活动】 教师们扮演孩子,进"娃娃家"玩,真切地体验孩子活动的需要。

【第二次活动】 一起看孩子玩"娃娃家"。

① 为了使观摩活动更有针对性,我们在活动前给教师提出了问题,让教师带着问题进行观察和指导。如"在'娃娃家'我看见孩子在做什么?""为什么他会有这种行为、言语?""幼儿言行背后反映了什么信息?"……

② 活动后由各班组织的老师介绍参与活动的幼儿年龄特点、性格特点与心理需求、教育指导方向等。在此基础上,大家分享各自的观察和分析,尝试从不同的角度解读幼儿的活动。

【第三次活动】 组织教师学习英国著作《观察儿童》中的个案分析,提升教师对幼儿的观察、分析和指导的能力。

(4) 遇到的困难

通过开展"娃娃家"的观摩研讨活动,全体教师更注重对孩子的观察与分析,但是还存在不少难题。如教师对孩子的观察不够细致、分析不够到位,仅仅停留在一些表面的现象,很难进入更深层次的观察等。

(5) 如何解决

为了解决这些难题,我们邀请了华南师范大学心理学专业的高岚教授和市教研室的张琼老师对我们的教研活动进行指导。

经过专家的指导,我们认识到了观察幼儿不仅仅是表面看见的那么简单,而是要非常熟悉了解幼儿各方面的发展水平,如年龄特点、情感、人格、思维、社会性交往等。只有正确了解孩子，我们才能快速做出有效的教育指导，更好地帮助孩子成长。这为我们今后的学习与研究指明了方向。

【故事二】如何让孩子"有话可说"——语言区学具研讨

(1) 教研缘由

在语言区里，教师的工作重点就是创设一个幼儿"想说、敢说、乐说"的语言学习环境，在这个环境中，既包括充足的时间、空间和良好的师幼关系等因素，也包括提供给孩子操作的材料和学具。但教师们在实际工作中发现，有的语言学具能成功地吸引幼儿主动地、积极地参与讲述活动，但有一些语言学具却不能引发幼儿参与的兴趣。孩子们出现只操作学具、不愿开口讲述的情况。

我们希望通过这次教研活动，引发教师思考怎样的语言学具才能激发幼儿主动地进行表达和交流，同时帮助教师总结出受幼儿欢迎的语言学具的设计原则和策略。

(2) 教研目标

① 帮助教师总结出能激发幼儿积极主动地参与讲述活动的语言学具的设计原则和策略。

② 结合语言学具的设计原则和策略，教师及时调整各班语言区里学具的投放，为幼儿创设良好的语言学习环境。

图 6-4　教师们在观赏介绍

（3）教研内容/过程

引入：班上最精彩的语言学具

① 各班教师介绍一套班上正在使用的语言学具的玩法，这套学具必须符合的要求是：一方面，幼儿有兴趣参与；另一方面，幼儿主动讲述或主动和同伴合作讲述。

② 各班教师用简练的语言分析这套学具受欢迎的原因。

思考：

经过实践，能够让幼儿抢着玩、有兴趣玩的学具有哪些？它们具有什么样的特征？

分组讨论：

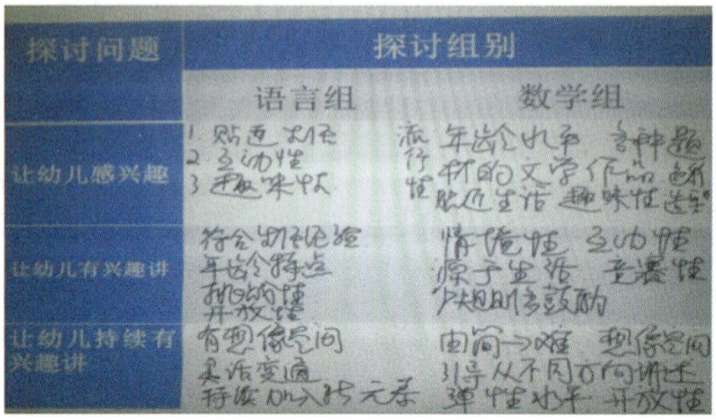

图 6-5　A 组教师观点

① 设计上的问题：设计语言学具时应该包含什么元素才能让幼儿感兴趣？设计语言学具时应该包含什么元素才能让幼儿有兴趣讲？设计语言学具时应该包含什么元素才能让幼儿有兴趣持续讲？

② 学具使用的问题：导入学具时用什么方法才能让幼儿感兴趣？使用学具时用什么方法才能让幼儿感兴趣讲？使用学具后用什么方法才能让幼儿持续有感兴

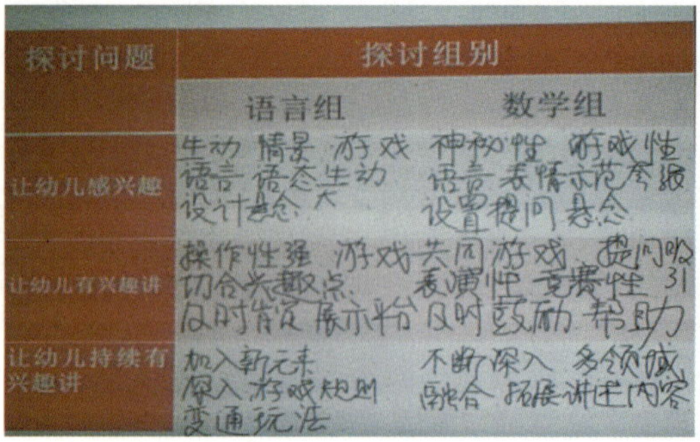

图 6-6　B 组教师观点

趣讲？分享讨论结果：各组派代表介绍本组成员的讨论情况。

【故事三】让别人欣赏我·我欣赏别人——环境创设之我见

(1) 教研缘由

班级环境的创设应以有效促进幼儿的发展为宗旨,为此必须注意环境设置的教育性和可持续性,体现环境的生态价值和人文价值。这种理念下,我们可以把班级的环境创设理解为是教师有目的、有针对性创设的环境,既是教育的背景,也是教育的手段,同时又是教育自身。

教师在设置班级环境的过程中常会感到困惑,例如如何提高班级环境设置的有效性？如何发挥环境的对话、互动功能？如何突破"观赏的多、参与的少"、"材料单一、缺乏亮点"的困境？

为了解决教师们对班级环境创设的困惑和问题,我们组织了"让别人欣赏我·我欣赏别人"的教研活动,使教师领悟环境的教育内涵,并在这种理念指导下完善班级的环境,注重开放性、动态性和互动性,充分发挥环境的教育价值。

(2) 教研目标

① 活动本着"让别人欣赏我·我欣赏别人"的原则,在欣赏中分享、互动、探讨,从而使每个人的认识都得到提升,也为各班教师在提高班级环境设置的有效性上做好铺垫。

② 帮助教师在实践中进行反思和积累经验,促进教师专业能力的提高。

(3) 教研内容/过程

【第一阶段】介绍本次教研活动的目的、计划和活动规则。教师自行参观12个班的班级环境,在参观过程中用相机或手机捕捉班级环境创设中1—4个值得欣赏的亮点,填写到相应的表格里。

活动规则：

① 每位教师本着客观、认真的态度进行参观,用虚心学习的态度挖掘各班环境设置中的闪光点。

② 活动本着"让别人欣赏我·我欣赏别人"的原则,请每位教师对其他班级的环境创设的闪光点进行捕捉,不评选自己的班级。

③ 照片的拍摄角度要能尽量呈现拍摄者的观点。

④ 希望每位教师对环境创设都有自己独特的见解,并能与大家一同分享。

活动附件：

① 根据不同的观点设置两种类型的表格。

② 表格的说明：

表6-3《我喜欢的环境亮点》填写说明：填写一个班级的一个闪光点,附上相

应的照片,以便交流推荐。

表6-4《环境设置之我见》填写说明:填写本次参观环境中值得推荐的亮点的缘由和对创设环境的见解,以便交流推荐。

表6-3 我喜欢的环境亮点

观察日期		闪亮班级	
我喜欢的闪亮点	(插入图片)		
推荐理由			

记录人:

表6-4 环境设置之我见

观察日期	
对环境设置观察实录	
我的见解	

记录人:

第二阶段：每位教师轮流介绍这次参观活动中值得推荐的闪亮点或者对环境创设的见解(参见图6-7、图6-8)。

图6-7　教师推荐自己欣赏的环境布置

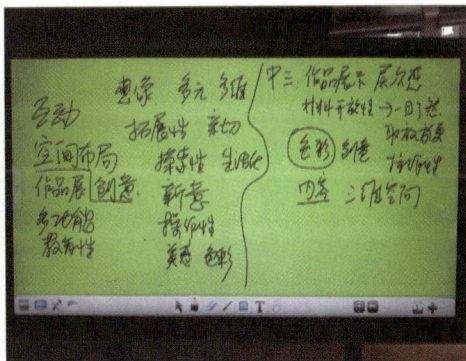

图6-8　讨论要点记录

【故事四】"世界咖啡"——科艺室活动研讨

(1) 教研缘由

"世界咖啡"是艺术与技术的结合,发现集体的智慧是世界咖啡会谈的特性,它被称为"创造集体智慧的最好的会谈方式",有助于激发教师的潜能。

图6-9　活动主题

我们引用"世界咖啡"的理念和做法,结合我们的美术教研活动,力求在一种轻松的氛围中,以头脑风暴的形式激发各位教师在美术活动中的无限创意。

(2) 教研目标

① 通过讨论的方式对美术活动的内容和方式进行探讨。

② 通过教师之间的思想碰撞开拓大家的思维。

(3) 教研内容/过程

导入：播放不同作品展示，提出问题：

① 你喜欢怎样的作品，为什么？

② 你在组织幼儿进行美术活动的过程中遇到怎样的困惑？

图 6－10　各桌讨论中

讨论：以"世界咖啡"的方式讨论：

以案例"小鱼"——不要实际操作，鼓励教师开放性思考

① 你认为怎样才是开放的、富有创造性的组织呢？

② 怎样的指导才能促进幼儿开放性地思考，创造性地操作？

各组派代表介绍本组讨论观点（如图 6－11）。

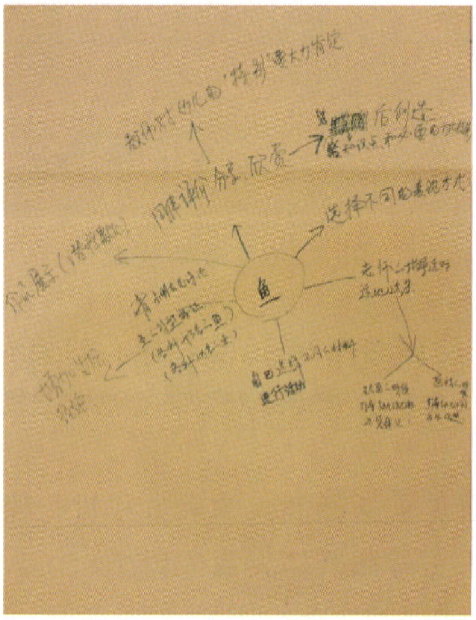

图 6－11　记录讨论要点

【故事五】"信封的变身"——感悟美工区的"创"与"美"

(1) 教研缘由

在巡班时发现各班展示出来的幼儿作品存在一个普遍的问题：缺乏属于孩子的个性化的表达，而且经常用同样的材料和方式表达同一个主题，如用卡纸、剪贴的方式制作灯笼。这与美工区追求创意、开放、自由、个性化表达等等的理念是相背离的。

发现问题之后，是直接指责？还是用照片呈现问题？显然，都不是最好的办法。必须让教师自己意识到问题所在，并切身感受美工创造性表现的过程，感同身受地去体会孩子的需要，思考自己哪里可以放手？哪里可以引导？教师也一样需要被引导、被启发。如何启发？由此萌发本次教研。

(2) 教研目标

① 引导教师反思实践，重新思考美工区活动应该如何开展，突破自我的思维定势。

② 通过教师的动手参与，激发教师的创作灵感，同时能在本班的美工区活动中富有创造性地开展活动。

(3) 教研内容/过程

① 提出问题，引发思考：关于"美工区"，你想到的关键词是什么？

记录下老师们想到的关键词：开放、材料丰富、作品、操作、兴趣、创作、欣赏、表现、空间、适宜、创意、动手能力……

② 观看微课《感悟美工区的"创"与"美"》，明确方向。

老师想到的和实际的差距有多大？园长把平时巡班拍摄下来的照片经过梳理，并以微课的形式呈现，让老师们在听音乐和欣赏图片中得到领悟，并明白要引导孩子们的创作，作为老师必须自己喜欢上"创作"，还要有一双善于发现的眼睛，迈开两条勤快的腿，打开与家长沟通的嘴。

③ 现场体验、享受过程。

"看"和"想"的体验：教研主持人出示一张报纸，问大家：如果要把这张报纸进行手工创造，你将如何使这张报纸变身？

鼓励老师们大胆发挥创意，说出自己的想法。此过程让每一个老师在自我构思的同时，又听到其他人的不同想法，感受不同的思维。

"做"和"享"的体验：主持人把大家带到科艺室（科学和艺术相结合的创作室），并给每人布置一个任务：自由选用科艺室所有的材料和工具，每人做一个"脸"。在大家创作时，科艺室播放着优美的纯音乐（如图6-12所示）。

图6-12 教师们投入到做"脸"过程中

展示和介绍：每个人向大家展示自己的作品，并做一个简要的介绍（如图6-13所示）。

图6-13 教师们现场制作的
"脸"

【故事六】教育的"金句与禁语"——稳定新生情绪的策略

(1) 教研缘由

每一个新学年开始,班上(特别是小班)都会出现新生因为分离焦虑出现的各种情绪问题。在孩子出现情绪问题时应该如何对待?不同老师的办法不尽相同,而每一种做法背后总是跟老师的认识/观念息息相关。为此,必须引导老师从理论上认识何为"焦虑情绪"?明白孩子出现焦虑情绪的原因,然后再探讨如何关心和帮助幼儿度过焦虑期的具体办法。

(2) 教研目标

① 了解新生幼儿产生焦虑情绪的原因,掌握缓解幼儿焦虑情绪的策略。

② 通过讨论、分享教育的"金句与禁语",提升教师的用语规范。

(3) 教研内容/过程

① 教研活动前:先让教师们把一日活动中不同时段里幼儿出现的焦虑情况做个记录,并写明自己的解决方法以及处理效果等(参见表6-5)。

表6-5　一日活动幼儿焦虑情况登记表

不同时段	我的观点	我组织的活动内容	我的方法(心理调适、道具、语言等)	效果
接送环节				
进餐环节				
交往活动				
教学活动				
生活环节				
晚间活动				

② 分享:各班请一位教师代表介绍本班新生入园的状况,可以按照以上表格根据本班实际选择重点进行介绍。

③ 理论学习——了解幼儿分离焦虑产生的原因以及对策(教研组长梳理和介绍)。

④ 分组讨论:教师分成三个年龄组,围绕"教育'金句与禁语'"进行讨论,"当孩子焦虑的时候⋯⋯",我们说什么效果最好?哪些话又是被禁止的?汇集在表格里(参见表6-6)。

表6-6　教师"金句与禁语"登记表

教育的"金句与禁语"之"当孩子焦虑的时候……"	
教育金句	教育禁语

⑤ 展示：对教师们的讨论结果进行汇总和分享。

附件：《如何稳定新生的焦虑情绪》(ppt)

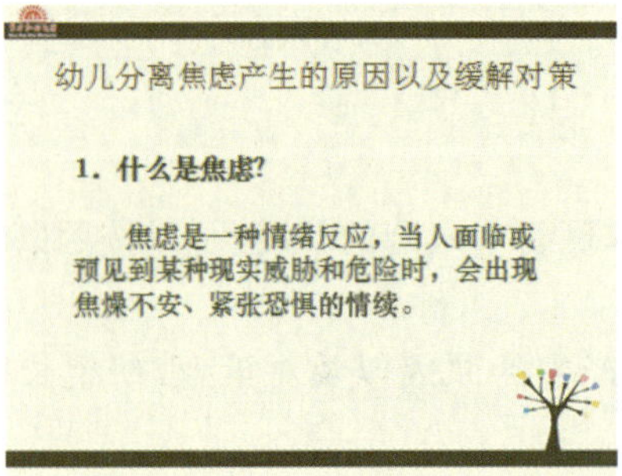

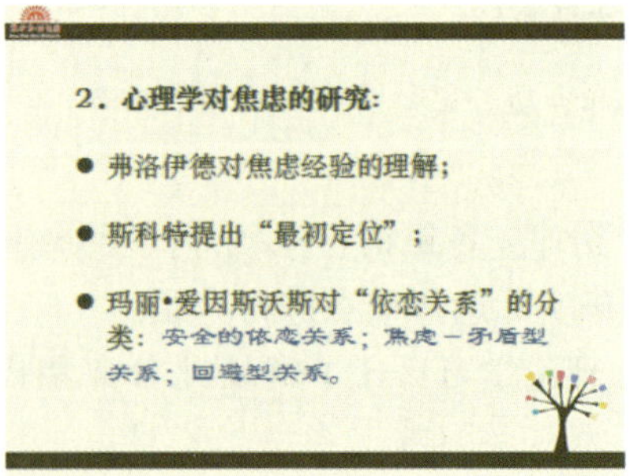

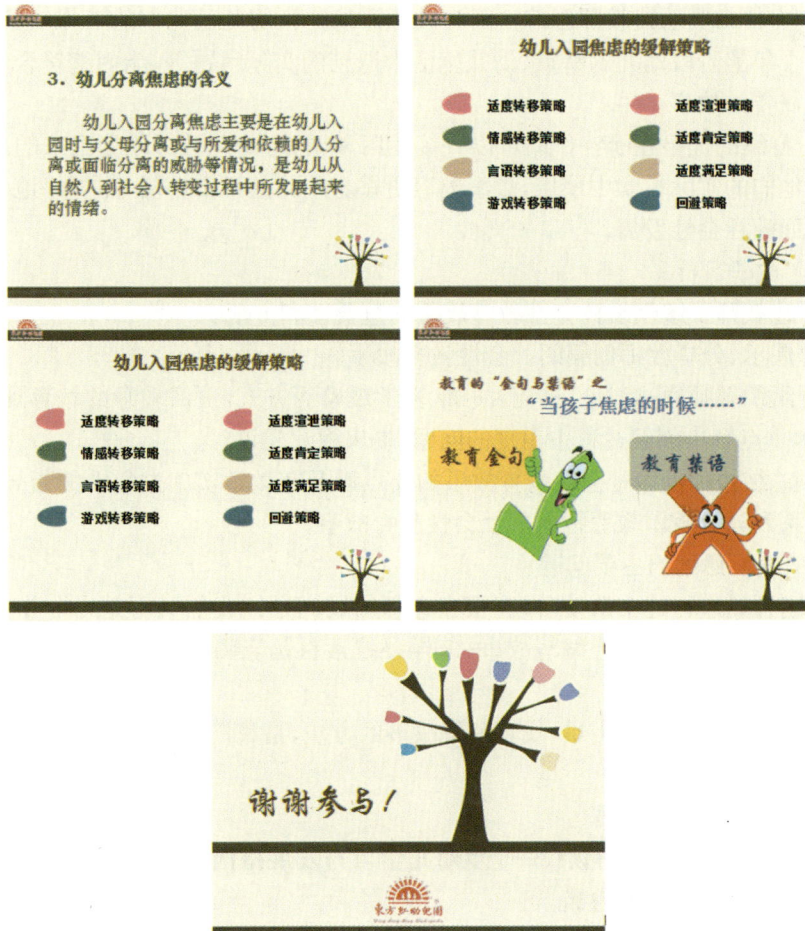

【故事七】"我们也是郑渊洁"——幼儿教师创编教育故事

（1）教研缘由

① 幼儿喜欢听故事，这是毋庸置疑的！如果教师能通过故事让幼儿明白一定的道理，那比直接说教的效果好很多。

② 为什么不用现成的，要编？虽然幼儿园中围绕童话故事开展的教育活动有很多，如讲述故事、复述故事、故事表演等。但是这些活动更多是强调童话故事的语言发展价值，而对于故事所蕴含的道德发展价值、社会性教育价值等却只停留在表层。作为教育第一线的教师，如能根据幼儿活动的需要，学习自行创编和设计生动有趣的故事开展教学，可以促进幼儿在社会情感、社会行为技能、社会认知、自我意识、道德品质和社会适应等方面获得更为全面的发展。

③ 为什么要幼儿教师创编？因为教师懂幼儿！幼儿是他们的工作对象，他们了解每个年龄阶段幼儿的特点、幼儿生活中遇到的实际问题等，能创编符合幼儿实际发展需要的故事。

④ 自编的优势在哪？作品可以直接使用和调整，幼儿教师创编出来的故事能直接在他们的实际教学中使用，故事内容更贴合幼儿的日常生活，能更好地促进幼儿各方面的社会性发展。

(2) 教研目标

① 让教师了解创编社会性教育故事的重要性和方法。

② 展示、分享教师创编的社会性教育故事。

③ 组织教师通过讨论、交流、演讲、教学观摩等方式，更新教师的教育观念，联系实际，重点解决创编过程中出现的问题，提出教育建议。

④ 总结教师创编社会性教育故事的要点以及在教学实施过程中的指导策略，形成一系列具有我园教育特色的社会性教育故事。

(3) 我们遇到的主要问题

在刚开始进行这个活动时，有很多老师的疑问是："我们又不是专业作家。怎么编写童话故事呢？"怎样编写故事、怎样寻找素材是老师们故事创编时遇到的最大问题。

怎样帮助老师克服困难，找到创编故事的方法，是我们开展这项活动首先要解决的难题。

(4) 我们的前进路程

第一步：组织教师解读《3—6岁幼儿学习与发展指南》社会领域的理念，讨论教育故事创编的实质和内涵

1. 解读《3—6岁幼儿学习与发展指南》社会领域的理念

① 对幼儿社会领域的学习与发展过程的认识。

② 家庭、幼儿园和社会的合力教育对幼儿社会性发展的积极作用。

③ 社会性教育的两大目标及其七个子目标、年龄目标与教育建议。

2. 分析社会性教育与幼儿故事教育相结合的可行性与理论支撑

讨论：如何通过幼儿喜爱的教育故事，把各种社会情感、社会行为技能、社会认知、自我意识、道德品质和社会适应等方面以生动、有趣的形式展现出来，以情入手、寓教于乐。

3. 讨论教育故事创编的实质和内涵，了解故事的教育意义及应用的重要性

① 每个班级的老师合作查找相关资料，共同总结关于故事创编以及故事教学方面的理论。

② 每个老师寻找一个幼儿故事，并分析里面的教学点，介绍如何与教学结合

开展相关的活动。

第二步：分享交流教师初次创编的教育故事，探究故事创编的要点和方法

1. **以年龄为划分依据，分享、交流教师初次创编的作品及在创编不同年龄阶段的社会性教育故事中遇到的问题以及解决方法**

（1）小班级

① 小班级老师分享故事《小兔洗衣服》和《滑滑梯》。

② 小班级老师介绍关于教育故事创编的一些理论依据。

（2）中班级

① 中班级老师分享故事《不怕冷的大衣》和《生气猪》。

② 中班级老师介绍教育故事创编的难点以及解决方法。

（3）大班级

② 大班级老师分享故事《别人的玩具我不拿》和《漏嘴巴》。

② 大班级老师介绍创编故事的一些要素以及注意事项。

2. **总结故事创编的一些方法以及需要注意的问题**

① 故事名称要有特点，吸引幼儿注意。

② 故事取材要贴近幼儿生活或是幼儿感兴趣的话题。

③ 故事内容要有声有色，情节变化要有起伏。

④ 故事既要注重塑造典型形象，又要力求推陈出新。

⑤ 故事要具有教育性和启发性。

第三步："教育故事创编"演讲比赛，突出故事教学与社会性教育相结合的特点

1. **首次"教育故事创编"演讲比赛**

教师自行创编，并结合 ppt、图画、音乐等多媒体元素进行演讲，使故事的讲述更生动化、形象化。故事单如下：

麦肖明《候补的足球队员》

徐文莉《新小猫钓鱼》

钟泳春《小兔学本领》

雷慧《赛车总动员》

李苑《开心魔法》

华俊霞《开心的小树》

郭丽婵《神奇的话》

丘雷茹《小猫找朋友》

李文璇《小灰不见了》

2. **点评、讨论**

讨论摘要：儿童故事以其生动的情节、优美的语言、活泼可爱的形象，成为幼儿接触最多而又非常喜爱一种文学形式。一个好的故事,可以丰富幼儿的知识,使幼儿的心灵和情感受到良好的熏陶,为幼儿的行为、品德提供榜样。结合社会性教育"以情入手"、"以情动人"的特点,教育故事的编创应以幼儿的生活为原型,加入社会性发展的目标,使社会性教育功能获得最大限度的发挥。幼儿在学习故事的过程中,能以新的角度和层面重新审视自身的言语、行为、品德等,从而外化为自身的社会行为,促进幼儿社会性情感的发展。

3. 通过我园的网站,进行全园性的展示交流

第四步:"教育故事创编"公开课教学评比,归纳教学实施过程中的指导策略

1. "教育故事创编"教学观摩评比

① 分各年龄段进行教育故事创编评比。

② 教师进行观摩点评,包括教学目标、教学组织过程、师幼互动、实施情况等多个方面的评析。

2. 总结故事教学组织过程中的有效指导策略

(1) 手势的运用

手势的特点:形象性、动态性、表演性、象征性。

手势的运用:

① 第一遍讲故事时不要运用手势,以便让幼儿专心地欣赏作品,第二遍讲述时可用手势辅助;

② 教师做的手势要形象地反映事物的典型特征,并让全体幼儿明白手势表达的意思;

③ 教师的手势不要成为规定的范式,应鼓励幼儿创造性地运用手势;

④ 教师在讲故事时,应以讲述为主,手势为辅,不要喧宾夺主。

(2) 设问的运用

设问的方法:角色设问法、提示设问法、铺垫设问法、悬念设问法。

小结:开展故事教学活动,要以幼儿为主体,以兴趣为中心,从幼儿的心理和生理特点出发,遵循幼儿语言发展的规律,改变传统的学习方式,让幼儿在体验和参与中主动积极地学习。

(3) 我们的努力方向

我园对社会教育活动的探索还在持续进行着,我们将深入思考社会领域与其他教学领域的区别与整合,思考如何巧妙地利用故事引导幼儿深入探讨、领悟社会的规则,丰富幼儿的社会情感,提高幼儿交往技能;如何立足于孩子的生活开展社会活动;如何让幼儿自觉地把外在的行为内化为心理的准则。这些都是我们思考和努力的方向。

（4）我们的感受

麦老师：在创编故事的过程中，教师要用敏锐的双眼观察幼儿，了解幼儿的需求，知道幼儿的社会性发展水平。年龄越小的孩子，生活经验越有限，故事一定要围绕他们熟悉的环境和生活来展开，这样更容易引起共鸣。例如以他们的游戏学习、日常生活等为故事背景。年龄大一点的孩子，随着生活经验和活动范围的扩大，可以不再仅限于熟悉的生活，风格可以是现实的，也可以是梦幻的。

徐老师：幼儿特别喜欢听故事，利用故事对幼儿进行教育，比空洞的说教更容易让幼儿理解和接受。小朋友们听的故事多了，理解能力就更强，思维更开阔，适时的教育提示，只要故事中的一句话或一个词就行了。

邓老师：这次教育故事创编的活动，让我们再次重视对孩子的故事教学。在教研活动中，当我们以故事的形式对孩子们进行说教时，孩子们的兴致比较高涨。他们会认真地倾听，对里面所蕴涵的道理、意义有所体悟。当我使用自己创编的故事开展公开课时，我看到了孩子们的热情，也感受到作为老师的满足感。

华老师：通过这次活动，我更能关注、倾听幼儿的点滴"心声"。我和孩子之间的关系也更为平等了。我明白了教育并非演戏，取之于生活而又用之于生活的活动才是最珍贵的，才是真正符合幼儿的需要，有利于每个孩子的提高和发展。

李老师：通过这次的故事创编，我体会到了教师创编故事不应该是为了创编而创编，而应该通过故事让孩子接受教育并受到启发。因此教师创编故事时应注重故事的教育性、启发性和实效性，如果只是追求所谓的课堂效果，那么幼儿故事的创编就失去了意义。

郭老师：在教学活动中，我们把某些小朋友的不好行为，通过改编故事进行教学教育，以培养小朋友良好的行为习惯。如我根据有的小朋友在日常生活中做事太着急、不愿等待的问题，编写了故事《着急的豆豆》，让小朋友明白等待的必要性。我又根据有的小朋友做事不认真、马虎的现象，编写了故事《一半先生》，通过"一半先生"做事虎头蛇尾的可笑行为，引导幼儿讨论帮助"一半先生"的办法。让小朋友明白要从小养成认真做好每一件事情的习惯，坚持把事情完整地做好，并且要持之以恒，逐步形成良好的行为习惯。

雷老师：在整个创编活动中，幼儿的直接体验不断加强，他们运用自己习得的知识和经验，主动、积极地学习新的知识和经验。这是一种全新的学习方式，孩子更多的是与同伴交流、探讨和合作，他们是活动的中心和主人，可以控制和掌握活动的内容和方向；而教师则是活动的引导者、支持者和倾听者，以"创编故事"为桥梁，促进幼儿得到真正的发展。

丘老师：在"小花猫找朋友"的活动中，我利用多媒体教学，孩子们的注意力完全被生动有趣的画面吸引了。我根据生活中发生在孩子中间的一些实例设计了相关的问题,使孩子有的放矢地进行学习和讨论。在对比他们的讨论结果和故事中小花猫说的话,使幼儿知道应该怎样与别人交流、怎样做才能交到朋友,这既丰富了幼儿的交往语言,又让他们知道了怎样用正确的方式交朋友。

李老师: 创编幼儿教育故事富有一定的挑战性,故事既要有童趣,更要有教育意义。在创编故事时,我们要注意突出主题,使故事构思巧妙、情节生动,富有想象力、创造力,充分体现教育理念和教育智慧,并以此进行随机教育。

【附】教育故事(社会领域)创编及讲述评分表

班别	教师	故事名称	评分标准			总分	备注
			教育性强(4分)	情节吸引(3分)	讲述生动(3分)		
小班							
中班							
大班							

【附】东方红教师创编的教育故事选读

《会疼的椅子》

创编者:邓爱华

【创编灵感】刚入园的幼儿最近常常出现一个问题——坐姿不端正,喜欢摇椅子。针对幼儿这种不爱护椅子的行为,创编了这个故事,帮助孩子树立爱护公物的正确意识。

这是一间和我们一样的幼儿园。白天里,幼儿园到处充满了孩子们的欢声笑语,热热闹闹的。到了晚上,孩子们都睡觉了,喧哗的课室也终于安静下来了。每天晚上,当孩子们沉沉地进入梦乡的时候,忙碌了一整天的玩具,还有钢琴、录音机、图书、桌子、椅子等等,就开始了他们的聚会。

今天,他们的聚会可热闹了。原来是钢琴大师和录音机姐姐一起为大家开起了音乐会,玩具们都跳起了欢快的舞,就连小图书也扭起了屁股。忽然,角落边上传来一阵"呜呜呜"的抽泣声。大家过去一看,原来是一张小椅子正在伤心地哭。"怎么啦? 怎么啦?"大家都七嘴八舌地问起来。小椅子哭得更伤心了。小火车托马斯让大家先安静下来,然后过去问:"小椅子,先别哭! 是不是遇到什么困难了,说出来,我们大家一定会帮助你的。"小椅子摇着头,还是忍不住地哭着:"痛! 痛! 我很痛!"芭比娃娃有了重大发现："你们看！小椅子受伤了！"大家仔细一看，真的！小椅子的腿都歪了。

小火车托马斯轻轻地摸着小椅子受伤的腿，问："小椅子，到底发生什么事了？是谁把你弄成这样了？"小椅子平复了一下心情，抽泣着说："是我的小主人俊俊。他每天坐在我身上的时候，都不是好好地坐，总是会在我身上扭来扭去。每次他要搬我的时候，也是很粗鲁很用力的，从来不会轻轻地放。还有每次要站起来的时候，他都不是用手轻轻地拉开我，而是就用屁股用力地顶开我，让我的脚难受地在地上使劲刮。今天吃饭，他自己不好好吃，还用力地把我的腿摇来摇去，把我的腿都弄歪了。呜呜呜……"

小椅子继续伤心地说："现在，我满身都是伤，我腿上的螺丝也快松了。这样很危险，可能某一天俊俊坐在我身上，就会摔下来。他会受伤的！而我就会变成一张破椅子，他们就会把我丢到垃圾站去了，我就再也见不到大家了。"说着说着，小椅子更难过了。其他的小玩具、图书、桌子、椅子，还有钢琴大师、录音机姐姐，也为了小椅子悲惨的命运伤心地哭起来。

录音机姐姐生气地说："哼！小椅子坏了，俊俊也没有椅子坐了。这个俊俊真是不会爱惜东西，太不懂事了！"

这时，其他的玩具、图书也纷纷投诉起来。小图书说："他平时看图书也是不会爱惜的，常常没看完一本，就丢一边，去拿另外一本。看书时，也不是轻轻地翻着一页一页认真看，弄得我们也很痛呢。"

俊俊的玩具小汽车"闪电麦坤"也忍不住说："他是我的小主人，但也从来不会爱惜我。和我玩的时候，有时会把我从桌子上推着摔下来，有时会把我撞到墙壁上，常常用力地把我和其他小汽车推撞在一起呢。你看，我身上的伤还少吗？"

大家越说越生气，纷纷表示，再也不想和俊俊做朋友，也不想陪他一起玩了。

小火车托马斯首先冷静下来，"大家先别吵，我们一起想个办法帮助小椅子吧。"

录音姐姐姐说："对！我们要让俊俊知道自己做得不对，只要他改正，做一个会爱惜东西的好孩子，就能救回小椅子。"

芭比娃娃说："怎么能让俊俊知道呢？他又听不懂我们说话。"

想到这里，大家都沉默下来了。

钢琴大师挠挠头，说："要不我弹奏一首曲子，让他知道。"

录音机姐姐说："他怎么能听明白你弹奏的曲子呢？"

哎呀，怎么办呢？

小朋友，你们有办法吗？我们一起来帮帮小椅子吧。

《开心魔法》

创编者：李苑

【创编缘由】现在的小朋友因为家长们太过于重视智力发展，却忽略了某些亲社会性行为的发展，如分享、谦让和包容等。我从我们幼儿园的一些现实情况入手，选择了自由活动、体育活动和喝水环节作为故事发展的背景。故事里主角的名字,我选了班上一个孩子的名字昵称,这样可以拉近孩子和老师的情感距离,让他们觉得故事可信和富有亲切感,也容易吸引幼儿的注意力。在情节的创编上,我选择了孩子每天在园都会经历的事情,如不愿与人分享自己的玩具,不肯谦让和不会包容别人,这些情况每天都会在孩子身上发生。通过这个故事让孩子明白分享、谦让的重要意义,并能将之运用到与同伴的相处中。

卡卡是个小男孩,他在小太阳幼儿园读中班。

卡卡今天回到家对妈妈说:"我觉得在幼儿园一点都不开心,我不想去上学了。"第二天早上,妈妈叫醒卡卡去上学,卡卡不愿意。妈妈对卡卡说:"我告诉你一个开心魔法,当你觉得不开心的时候,只要悄悄地念出咒语——'你开心,我开心',开心魔法就会出现,你也就变得开心了。"卡卡不太相信,不过他很想试试"开心魔法"是不是真的有用,就跟着妈妈回到了幼儿园。

自由活动开始了,卡卡拿着玩具篮坐得离大家远远的。因为篮子里有一架新买的飞机,卡卡不想和小朋友一起玩。聪聪看见了他的新飞机,跑过来对卡卡说:"可以把你的飞机借给我玩吗?"卡卡说:"不行,不行,你会把它弄坏的。"聪聪失望地走开了。卡卡继续自己一个人玩,玩着玩着,他觉得一点都不开心。这时他突然想起了开心魔法,于是就悄悄地念出咒语——"你开心,我开心",突然一股暖流充满了卡卡的身体,就像冬天里喝下了一杯热开水。卡卡拿着新飞机,跑到聪聪面前说:"聪聪我们一起来玩飞机吧。"聪聪说:"好啊!"他们把飞机你飞给我,我飞给你,小飞机就像小鸟在空中飞一样,越来越多的小朋友也跑过来和他们一起玩。这时卡卡突然觉得好开心,他想:开心魔法真神奇!

体育活动时,老师请小朋友自由地玩自己喜欢的游戏。卡卡最喜欢玩翘翘板,他跑到翘翘板前,可是已经有很多小朋友在排队了。卡卡最不喜欢排队了,他挤到了队伍的最前面,后面有小朋友大声地说:"卡卡插队。"卡卡才不管呢,快速地跑过去坐在了翘翘板的一边,可是没有小朋友愿意跟他一起玩。一个人玩翘翘板真不开心,这时他又想起了开心魔法,他悄悄念出咒语——"你开心,我开心",突然一股暖流充满了卡卡的身体,就像冬天里喝下了一杯热开水。卡卡从翘翘板上下来了,对正在排队的小朋友说:"你们先玩吧,我不该插队的",然后静静地走到了队伍的最后面。终于轮到卡卡玩了,他和其其两个坐在翘翘板上,你高我低,你上我下,笑声就像银铃般好听。这时卡卡突然觉得好开心,他想:开心魔法真神奇!

游戏后,小朋友们回到课室里喝水。玥玥跑过来,不小心把卡卡手上的杯子碰到了,水洒了一地,还把卡卡的鞋子弄湿了。卡卡生气地大声责怪玥玥:"都怪你,把我的鞋子都弄湿了,你要赔我鞋子。"玥玥被吓哭了,她哭得眼睛红红的,眼泪像雨滴一样不停地落下。看着玥玥伤心的样子,卡卡突然觉得很不开心,他赶紧悄悄地念出咒语——"你开心,我开心",突然一股暖流充满了卡卡的身体,就像冬天里喝下了一杯热开水。卡卡拿出一张纸巾，边帮玥玥擦眼泪边说："不要哭了，我原谅你了，下次要小心点。"玥玥不哭了，卡卡拉着玥玥的手一起去重新倒了一杯水。看到玥玥的脸又像花一样漂亮了，这时卡卡觉得好开心，他想：开心魔法真神奇！

晚上卡卡对妈妈说："妈妈，你的开心魔法真神奇，我今天很开心啊。"妈妈笑着对卡卡说："其实开心魔法一直就在你的心里，只是你没有拿出来用呢。"

小朋友，你们也会用开心魔法吗？

《新小猫钓鱼》

创编者：徐文莉

【创编缘由】在日常活动中，我观察到有些小朋友有乱扔垃圾的情况，希望孩子能通过这个故事正确认识自己的行为，养成不乱扔垃圾的好习惯，理解故事所传达的道理。而且我发现孩子们喜欢听故事，特别是一些有趣的、有知识性的故事，更能使幼儿在了解故事内容的过程中学会思考和分析问题。

小猫咪咪一家住在一条小河的附近，猫妈妈在家照顾猫宝宝，猫爸爸则每天扛上钓具去给它的猫宝宝们钓鱼吃，因为小猫咪咪最爱吃新鲜鱼啦。

小猫咪咪第一次钓鱼因为三心二意，不但一条鱼也没钓到，而且还被人们嘲笑，小猫咪咪没有灰心，决定改掉毛病继续练习钓鱼。

第二天，小猫咪咪破天荒地起了个大早，它以前一直爱睡懒觉，要不怎会被叫成懒猫呢。小猫咪咪整晚都惦记着要去钓鱼的事呢。猫爸爸说，钓鱼一定要起早，因为早上的鱼肚子饿，都出来找食啊，所以早起的猫儿有鱼吃哦！

猫妈妈给了小猫咪咪一只水桶和一根竹竿，又帮小猫咪咪把鱼钩挂上小虫子，让小猫咪咪和爸爸到河边去钓鱼。小猫咪咪帮猫爸爸提着小桶一蹦一跳地来到小河边。只见小河里游着各种各样的鱼，小猫咪咪很兴奋，它将鱼竿紧紧地握在手里，然后将钩着小虫子的鱼线使劲一甩，河面上顿时溅起了水花。小猫咪咪真是个学钓鱼的好材料，它就坐在那儿钓呀钓，一点儿也不像从前那样，一会儿去捉蜻蜓，一会儿去捉蝴蝶，三心二意的，它知道那样是不好的。现在，它钓鱼可认真了，一动也不动，耐心地等了好长时间。忽然，小猫咪咪发现鱼线在动，浮在水面的鱼漂一下子沉到水里，小猫咪咪赶紧提鱼竿，它费了很大力气，才把鱼钓上来。累得它满头大汗，气喘吁吁。

钓上一条大大的鱼，小猫咪咪非常高兴，它拎着水桶，拿着鱼杆和猫爸爸回家了。第一天学钓鱼，小猫咪咪就钓上了条大鱼。把猫妈妈乐得嘴都要笑歪了。猫爸爸说："咪咪真棒！钓鱼最讲究耐性了，咪咪做得很好哦，钓起鱼来一动也不动的，能坚持大半天呢。"

得到了猫妈妈的夸奖和猫爸爸的鼓励，小猫咪咪便爱上了钓鱼。小猫咪咪不负众望，从来没有空手过。每次都能钓上一条大大的鱼儿回家。之所以只钓一条，是因为猫爸爸只允许每天钓一条，猫爸爸说过一条大鱼已经足够我们吃了，不能太贪心哦！

几个月后,小猫咪咪长成大猫咪咪了,成了远近闻名的钓鱼高手。

成名了的大猫咪咪成家了,离开了猫爸爸猫妈妈,组成了自己的家庭。前几天,大猫咪咪去钓鱼,它等了很长时间,一条大鱼也没上钩。"到底是怎么回事呢?"大猫咪咪看着桶里的小鱼百思不得其解。难道是我的技术退步了?不可能啊!

可是慢慢地,连小鱼也越来越少了。大猫咪咪每天提着桶里几条可怜巴巴的小鱼回家,还不够塞几只猫宝宝的牙缝呢。

大猫咪咪决定去请教它的老猫爸爸。想问问老猫爸爸是不是还有什么钓鱼的秘诀没有传授给它。

老猫爸爸听了大猫咪咪的困惑后长叹了一口气:"我哪里还有什么钓鱼秘诀呢!我的秘诀早就教过你了。是你太贪心了,你忘了我的话,每天只钓一条鱼!你生那么多宝宝,又为此每天钓很多很多的鱼,还把吃剩的鱼和骨头都扔河里。长此下去,河水都被你污染了,哪里还有鱼让你钓呢?"

大猫咪咪听了老猫爸爸的话,才明白,他心里特别后悔。可是后悔有什么用呢?

又过了一些日子,河里已经钓不上鱼了。大猫咪咪只能带着全家搬到别的河边去住了。

从此以后,大猫咪咪牢记老猫爸爸的话,并且以此教育它的儿女及后代们:每天只钓够吃的鱼,决不浪费!坚决不往河里扔垃圾!河水因为猫咪们的爱护,干干净净,鱼儿成群。猫咪们从此快快乐乐地生活着,一代传一代。

图6-14 教师使用创编的教育故事进行公开课展示

参考文献

[1] 蔡颖.探究幼儿园数学学具设计与制作的有效要素[J].教育导刊(下半月),2014(12): 29—31.

[2] 陈向群.语言区学具的设计和应用[J].教育教学研究.2010(6).

[3] 林玫琼.谈谈幼儿园语言区学具的设计与制作[J].教育导刊(下半月),2010(5):43—44.

[4] 王致青,陈慧萍,何绮莊.灵动生命的活动区课程——东方红幼儿园原创课程探索之路[M]. 广州：广东高等教育出版社,2013.

[5] 王致青,丘韶霞,蔡惠,欧阳丽茹,陈慧萍.以活动区为特色的儿童主体发展课程的研究[J]. 学前教育研究.2002(5).

[6] 约翰逊.游戏与儿童早期发展[M].华爱华,等,译.上海：华东师范大学出版社,2006:262.

[7] Janice J. Beaty.幼儿发展的观察与评价[M].郑福明,费广洪,译.北京：高等教育出版社, 2011:44.